コミュニケーション最前線

宮原 哲

松柏社

コミュニケーション最前線　目次

まえがき

ひとづきあいがうまくいかない人が最近増えている。「親子、夫婦でふれあう機会がなく」、「学校での人間関係に悩み」、また「職場でのコミュニケーションがうまくいかないで」ストレスがたまり、対人恐怖症に陥り、人生を豊かにしてくれるはずのコミュニケーションによって深刻な悩みを抱えている人が多い。ファクス、携帯電話、電子メールやインターネットなど、コミュニケーションの「ハードウェア的側面」が発展しているわりには、いや急速に発展すればするほど人間どうしのコミュニケーション、つまり「ソフトウェア」の部分がうまくいかないという社会問題が浮上してきた。

いじめ、援助交際、家庭内暴力、ひきこもり、登校拒否、「キレる」、「むかつく」、学級崩壊、などはすべて現代の日本社会の人間関係のあり方を反映する新ボキャブラリーである。「向こう三軒両隣」によって代表される、何かしらほのぼのとしたものを感じさせる日本人どうしの伝統的なコミュニケーション、思いやりのある人間関係にとって代わって、隣の人の職業はおろか、名前、顔さえも知らないという寂しい時代になってしまった。いつもの魚屋で、おじさんと

「今日は何かおいしい魚ある?」

「いきのいいさんまがあるから、もっていきなよ」

「ねえ、ちょっと負けてよ」

というやりとりに代わって、店員との会話どころか、顔も見ずに商品のやり取りをする時代になった。

カタログを見て、欲しい商品を決め、ファクスで注文書を送り、クレジット・カードで代金を支払い、宅配便で配達される商品を受け取る通販の世界。他人と直接対面しないで用事が済ませるという現象はスーパーのバーコード式のレジを通っても、キャッシュ・マシンでお金を出し入れしても、ファースト・フードのドライブ・スルーでハンバーガーや飲み物を買う際にも見られる。確かに便利な世の中になったのだが、その反面、日頃人との接触をわずらわしいと感じ、家庭、学校、職場で人間関係に悩む人も増えている。

ことばやジェスチャーを通して行う、そして生きものとしてのヒトと、社会的動物としての人間との境界線である、コミュニケーションと呼ばれる「シンボル活動」の本質を、今一度理解、確認することはさまざまな状況での人間関係を有意義に、豊かにしてくれるはずだ。

「コミュニケーション」ということばは、最近マンションの宣伝から、二国間の政府交渉にいたるまでさまざまな状況で頻繁に使われ、そして何か問題があるとすぐにそれはコミュニケーションが不十分だから、コミュニケーションに対する積極的な態度が欠けているから、といった具合に考えられることが多い。逆にコミュニケーションを改善することは何か魔術的な威力をもち、すべてがうまくいくかのように思われる傾向さえある。

このように不思議な力をもつ人間どうしのコミュニケーションではあるが、その本当の特徴、問題点について基本的な知識や能力を身につけるための努力はこれまで家庭や学校ではあまりされなかった。人とのコミュニケーションは年齢を重ね、さまざまな経験を積むことによってそのうち自然とうまくなるものとしてとらえられてきた。

最近多くの大学でコミュニケーション学科が新設されたり、コミュニケーションに関する授業が行われるようになった。しかし、その多くがマスコミに重点を置いたものであったり、あるいは「国際コミュニケーション」と称してその中身は単なる英会話であったりする場合が多い。さらに、一般の人が日常生活で遭遇する人間関係にまつわる問題を、コミュニケーションという体系的な学問の立場からわかりやすく説明したり、基本的な考え方についての解説を主な目的とした、読みやすい本がたくさん出版されるというレベルには達していない。その点に関していえば、多くの文化が交じり合い、さまざまな人種が共存し、「言わなくてもわかってくれるだろう」では決して通用しない、アメリカやヨーロッパではコミュニケーションに関する研究がはるかに進んでいる。もちろんアメリカやヨーロッパでの研究結果や、理論、概念を、文化、歴史、風俗などの点で大きく異なる日本にそのままあてはめることはできない。

本書では、主にアメリカで対人コミュニケーションと呼ばれる分野で使われている考え方を日本流にアレンジし、それらを日本人どうしの人間関係にあてはめてみてその特徴や問題点を考えることを目標としている。前半では人間コミュニケーションの特徴と問題点について考え、後半ではそれらの問題点を認識し、改善するには日常の対人関係でどのような努力を必要とするのか、ということに焦点を移す。

この本を読まれる方に日頃のコミュニケーションを少し違った、新鮮な角度から見ていただき、そして人間関係の質を少しでも向上できるような個人的な努力の方法を見つけていただければ幸いである。人間関係、コミュニケーションは自然にうまくなるものではなく、自分からうまくしていくもの。また、これまでのコミュニケーションのスタイルを急に変えて、本来の自分ではない人づきあいをしようとすることも無意味である。

まずは、今の自分を客観的な立場から見直してみて、コミュニケーションに関する自己認識を正確にすることから始めてみてはどうだろうか。そのためにも単に活字を読むだけではなく、各章に掲げる「自己モニター・チェック」を実際に、そして積極的に行っていただきたい。少しでもうまいコミュニケーターになって、人間関係を豊かなものにする努力をしていただければと思う。

1

ひとづきあいがうまくいかない症候群

人間関係に不安を持つ若者たち

毎年四月、長く、寒かった冬も終わり、桜の花が咲く頃学校や会社には、つらかった、そして不安だらけだった受験や就職活動という試練を乗り越え、意気揚揚とした新入生や新入社員が迎えられる。期待に胸ふくらませ、やる気に燃えるきらきら輝いた顔でいっぱいである。いや、いっぱいであるはずだ。それがどうだろう。最近の入学式や、テレビに映される有名企業の入社式を見てもそれほど「きらきら度」が目立たないのは錯覚なのか。錯覚であってほしいのだが、どうも新入生や新入社員に限らず若者全体に覇気がないのが最近の傾向のようだ。ではどうしてこんなことになるのか。将来の夢を現実に近づけてくれる大きなチャンスであるはずの大学に、それこそ寝食を惜しんで入学までこぎつけ、あるいは社会で活躍し、自らの無限の能力を実現する可能性を見いだせるはずの就職に際して、顔が輝いていないのにはそれなりの理由があるのだろう。

それまでとは大きく違った生活を始めるわけだから、当然だれもが一抹の不安を覚える。新しい環境に適応できるだろうか、友達はできるだろうか、授業についていけるだろうか、仕事はうまくやれるだろうか、などあげればきりがないくらい不安材料があるに違いない。しかし、その中でも特に彼らの不安感をかきたてるのは周囲の人たちとの人間関係に関わるものである場合が多い。大学では普通入学式終了後の数日間で履修指導、キャンパス内の施設の案内、教科書購入に関する注意事項などのオリエンテーションに加えて学部、学科、あるいはクラス単位での懇談会が催される。会社でも入社式の後各部署で新入社員を歓迎する一席が設けられる。そこでは必ず「主賓」である新入生や、新入社員が自己紹介をする。中には早速その機会を利用して先輩やクラスメートに積極的に自己アピールをする者もいるかもしれないが、大多数が注意深く周囲の様子をうかがいながら、小さな声で恥ずかしそうに、あたりさわりのないあいさつをする。

「初めて一人暮らしをするので心配です。見かけたら声をかけてください。アパートはこの近くなので気軽に遊びにきてください。よろしくお願いします。」

これを文字どおりに解釈すると、つまり自分の方からは声をかけることもなければ、人の家に遊びにいくこともない、でも自分を見かけたらあいさつをし、訪ねてきてくれ、ということになる。もちろんそこまで深く考えて言ったことではないかもしれないが、こういった発言は最近の日本人の若者の人間関係に対する消極的な態度をよく表している。

入学式の数日後のクラス・オリエンテーションでは学生の自己紹介の後、私はよくこんなことを言う。「大学は高校の時とは違って、厳しい校則に縛られることもなく、自由に勉強、クラブ活動、アルバイトができる環境です。でも自由ということはそれだけ一人一人が自分の行動に積極的に取り組み、そして自分自身に対して責任を取ることが求められている、ということを忘れないでください。そのことを考えてみると、今まで聴いてきたみんなの自己紹介はあまりにも甘すぎる。『声をかけてください』、『遊びにきてください』、『友達になってください』。だれがわざわざそんなことをするものか。どうして自分の方から『コンパをしましょう』とか『何でも言えるクラスにしましょう』という積極的なことが言えないんだ。これから大学生活で絶対に守ってもらいたいことを三つ言うからメモしなさい。」そうするとまだ素直な一年生はバッグからノートとペンを取り出して、「どんなすばらしいことを教えてくれるんだろう」という顔をしてメモの用意をする。

そこで私は言う。「まず最初が、学校の中でも外でも同じクラスの人や、知っている先生を見かけたらあいさつをすること。深々とお辞儀をする必要はない。『今日は』と声をかけるだけでもいい。軽い会釈でもいい、あるいはにっこり笑えばもっといい。二番目は名前を呼ばれたり、何か尋ねられたら必ず相手に聞こえるように返事をすること。そして最後が時間を守ること。授業の始まりは言うまでもなく、サークル活動、友達との待ち合わせなど、約束の時間には絶対に遅れないようにする。この三つはあまりにも常識的で大学生に言うようなことではないけど、その割りにはそれができない人が多すぎる。周囲の人と人間関係を作り、それを維持、発展させていきたいと思うのならこの三つのことを最低限守ること。」

考えてみれば、大学生にもなる人たちを相手にこのような、まるで幼稚園児か小学校低学年生向けのような「お願い」をしなくてはならないのも情けないかぎりである。しかし実際問題として、キャンパスで正面から出会っても、そして一瞬目があったにもかかわらず、顔を伏せたり、逆に睨みつけるようにして通り過ぎていく学生、名前を呼んでも「はい」の一言が返ってこない、そして授業時間には平気で遅れてくる、「コミュニケーション失格人間」がいかに多いことか。

そのような学生に限ってゴールデン・ウィークから五月中旬にかけて、木の芽が美しい緑色でキャンパスを飾ってくれる頃、青白い生気のない顔色をして、そして虚ろな目をして「サークルの人間関係に悩んでいる」とか、「一人暮らしが淋しくて勉強が手に付かない」とか、「これからの進路について話せる相手がいない」などといった悩みをもつようになる。

企業でも最近五月病ではなく、六月病がはやっていると聞く。この一ヵ月の差は時間的な特別な意味をもつものではないが、会社での生活に一通り慣れてくると、次第に自分の実力と、そこでの仕事に求められているものとの間にギャップがあることを認識するようになる。これまで持っていたある程度の自信もちょっとした失敗から吹き飛んでしまう。上司や先輩から何かにつけてまずいところを指摘されたり、ときには批判、否定される。かと言って心から信頼できる友人や、自分のことをよく理解した上で相談相手となってくれるような人も周囲にはいない。これまでぬるま湯のような学生生活を送ってきた者にとって、厳しい現実の挑戦が襲いかかってくる。これも学生という環境から、社会というまったく違った環境に移るのに際して適応がうまくいっていないことを表すひとつの現象である。このようなときに周囲との人間関係がある程度満足いくものであれば、苦しい挑戦を乗り越え、逆にそれを自己成長の糧とすることすらできるが、そうでない場合は不適応から何とか逃避したいという気持ちから早々と退社などという結果にもなりうる。

本当なら失敗を恐れずに、色々なことに挑戦し、多くの過ちを犯しながら成長しなくてはならないこの時期に、どうして最初から守りの姿勢をとろうとするのだろうか。

ある時一人の学生から、「あいさつをしない三つの理由」というのを教えてもらった。三つのお願いに対して三つの理由というのも滑稽だがその学生は真剣に「それはですね、まず『無視されたくない』、それから『どんな話をしていいかわからない』、そして『批判されたくない』ということなんです」と教えてくれた。確かに的を射た説明である。これらの考え方が学生だけではない、現代の日本人の人間関係、対人コミュニケーションに対する姿勢を表しているのである。「できるだけ人と深く関わりたくない」、「みっともない姿を見られたくない」、そして「傷つきたくない」という気持ちがこのような保身の態度を生むようだ。

自分の部屋に何ヵ月も閉じこもり、外部との接触は母親との小窓を通した食事のあげさげだけという、いわゆる「ひきこもり」の若者も少なくない。何千本ものビデオを自分の部屋に集めて幻想の世界に生き、あげくの果ては精神に異常をきたして何人もの幼女を殺害し、死体をばらばらにするといった、極端に病的な状態まで陥ってしまった事件が、世の中を騒がせたことはまだ記憶に新しい。また、一見「普通の中学生、高校生」が信じられないような事件を起こすことも現代の日本社会の暗い一面となってしまった。「真の自己」を発見することができないで迷っている若者に「救い」を施すかのように見せかけて「信徒」にし、実は無差別殺人の教団の一員にさせられてしまった、というのもあまりにも強烈な記憶として残っている。ではそのような状態は特殊な、そして単発的な事件として考えていいのだろうか。それとも日頃のひとづきあいがうまくいかないで、ストレスがたまっていけば、ひょっとしたら誰もがそのような事件の当事者になる可能性をもっているのだろうか。これは極端な例であるとしても、周囲の人たちとの人間関係が満足なものであるかどうかということによって人の一生の満足度が大きく変わるということは容易に想像できる。

ひとづきあいの5つのパターン

ひとづきあい、つまり人間関係のパターンは、ふたつの側面から考えることができる。まず、自分をいかにうまく表現し、そして自分の主張を通すことができるか、言い換えれば自己目的達成という側面がまずひとつ。もうひとつは、相手の話に耳を傾け、信頼され、好感をもたれていかに人間関係を発展させていくことができるかという側面である。それぞれの側面には情報収集、説得、プレゼンテーション、交渉、リスニング（聴く能力）、共感、あるいは察しといった具体的行動としてのコミュニケーション・スキルが含まれている。それらのスキルについては後で触れるとして、ふたつの側面を使って人間関係のパターンを見てみることにしよう。

もちろんすべての人をこれら五つのパターンに分類できるというわけではなく、また同じ人でも状況、相手、その日の体調などによってもひとつのパターンから別のパターンに移ったり、また戻ったりということを繰り返している。

★協調問題解決型人間関係

人間関係のパターンを、縦軸を相手との人間関係を維持、発展させる側面、横軸を自分の目的を達成させる側面として考えた場合、その両方の側面で高いレベルを示すのがこのパターンである。ひとことで言うならば、「人に好かれて自分を通す」という人間関係のスタイルを表している。いうまでもなく、五つの人間関係のパターンの中では最も理想的とされる。

この型のコミュニケーションはまず自己を表現するのと同時に、相手の主義、主張にも十分に配慮を示すことから始まる。次に自分と相手との違い、つまり心理的距離を確認し、それを協調して縮めようとする。したがって、他のパターンと比べて最も多くのコミュニケーション・スキルを必要とし、当然時間もかかる。しかしその結果、真の信頼関係を結び、高い自尊心を持つこともできる。

★お人好し型人間関係

このパターンにあてはまる人は自分の主張を前面に出すことはめったになく、いつもにこにこと愛想がよく、人から悪いことも言われない、という一見何の問題もない人間関係を営んでいる。しかし、どのような人でも必要なときには自分をはっきりと表現し、言うべきことは言えるというコミュニケーション能力を備えていなければならない。たとえば学校のサークル活動などでは能力のあるなしにかかわらず、年令がひとつずつあがっていくたびにいつのまにか自分のまわりには多くの後輩がいるという状況になる。いつもにこにこして「やさしい先輩」であることにも意味はあるが、先輩として課せられている大事な責任のひとつに後輩の指導が含まれる。企業でももちろん、上司が（確かにいつもにこにこしてばかりいる者がどんどんと昇進していくという

図1－1　ひとづきあいの5つのパターン

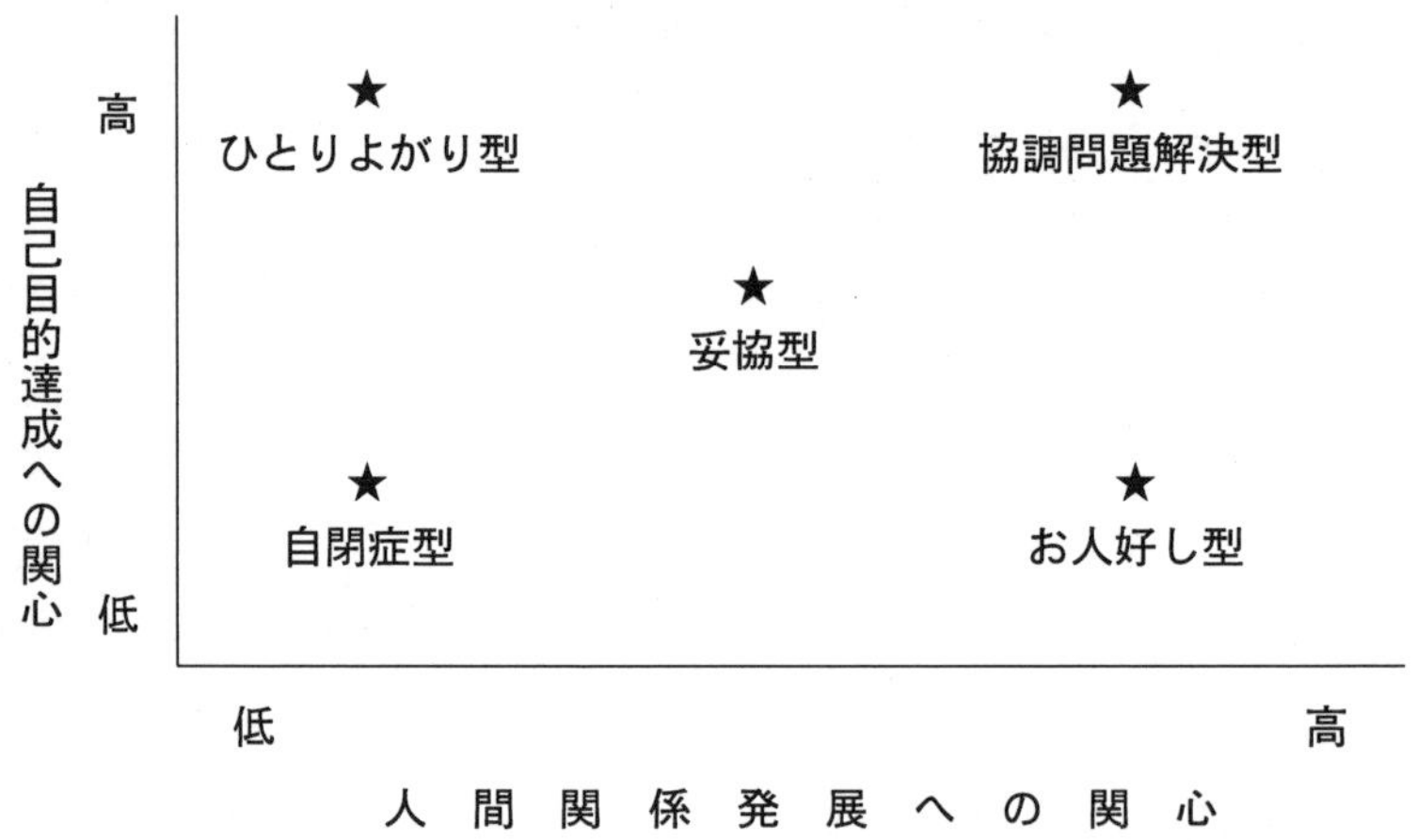

のも想像しにくいが）、部下を適当に叱咤、激励することはきわめて重要な管理能力である。

現実はどうだろう。最近、批判、指導ができない先輩や上司が多い。大学には練習やコンパに適当に顔を出し、楽しくやってさえいれば十分というサークルが星の数ほどあり、企業でも昔と違って転職することにほとんど何の抵抗も感じない人が多くなってきた。このような環境では先輩や上司が、新しく入ってきた部員や社員に少しでもいやな思いをさせるとやめられてしまうのではないか、という不安を覚える。彼らは少しくらい言いたいことがあっても、それを口にだすよりは我慢したほうがすべてが丸くおさまる、と考える。その結果ほんの少し前までは想像できなかったような、先輩や上司による後輩や部下のご機嫌とりのコミュニケーション行動が見られるようになってきた。

このようなお人好し型人間関係はクラブや会社などでの上下関係が存在する場合だけではなく、友人どうし、あるいは家庭内での関わりにも見られる。相手の気持ちを傷つけたくない、さらに相手の気持ちを傷つけることによって自分の立場が危うくなったり、相手との関係に悪影響を与えて寂しい、いやな思いをするのを避けるために自分の主張を明らかにしない人が多い。自分を通すことができない、「ノー」と言えない、つまり人に合わせることによって対立を回避し、その場をとりつくろう「自己主張しない日本人」的なコミュニケーションは、特に国際社会では批判の対象となることが多い。日頃の人間関係でいつもにこにこ、何を言われても「イエス」としか答えないお人好し型は決して健全な人間関係を営んでいるとはいえない。

★ひとりよがり型人間関係

お人好し型の裏側に位置する、これまた健全とは言いがたいパターンが独裁者的で、わがままなコミュニケーション行動をするひとりよがり型人間である。自己主張が強いというより身勝手で、批判を受け入れられない、人からの「ノー」のメッセージを素直に聴くことができない人を指している。最近、テレビや出版物などのメディアを通して日本人は「自己主張ができない」、あるいは「ノーと言えない」と指摘、批判され、さらには「思ったことはどんどん体全体で表現しよう」という指導までもがなされるようになってきた。しかし、本当の意味での「自己主張」

や「自己表現」とは相手のことを考えないで、自分の勝手な意見や感情を表に出すということでは決してない。このあたりがどうも誤解されて伝わっているようで、日本文化で伝統的につちかわれてきた周囲の人への「思いやり」や「気配り」、「心遣い」といった美しいコミュニケーションの形態は、最近ではテレビでレストランや高級旅館のサービスぶりを紹介する、グルメ、旅行番組にしか使われなくなってきた感じさえする。

このような変化も時代の流れとともに移り変わってきた、労働、奉仕、さらには会社への忠誠心などに対する考え方に影響されているのかもしれない。日本はタテ社会であるとよく言われている。確かにアメリカなどのように年令、年功、学歴などによって上や下といった関係が固定されていない社会に比べると、これらのことを一人の人物を評価する上で重要な要素として考えがちな日本は今でもタテ社会なのかも知れない。しかし、権威、法律など、一人一人の人間が責任をもって守っていかなくてはならない社会の枠組みを大事にする、という点では個人主義社会であるアメリカなどの国の方がきちんとできているといえる。「個人主義」は一人一人が勝手気ままなことをしても許されるということではない。

最近の日本では誤った意味での「個人主義」つまり「わがまま」、「身勝手」な行動が目に付く。恥の意識が急速に衰退し、個人の欲望を満たすためだけの行動が肯定、美化されるようにさえなった。その結果、公衆マナーに違反する行為を抑制する力がなくなり、交通道徳、公共の場での行動、さらには海外旅行に出かける日本人観光客の行動にいたるまで目を覆いたくなる光景に出会うことが多い。

これらすべての行動がそれぞれの人の対人コミュニケーションに対する姿勢から生まれている、とまでは言えないにしても、自己主張ということが誤った形で認識されていることは確かである。本当の自己主張は自分の考えを最低限の論理的一貫性をもたせて言語、非言語の媒体を駆使して表現し、同時に相手の主張にも耳を傾けながら、さらに相手と意見の交換をしながら合意に至るというたいへんなエネルギーを必要とするコミュニケーションを指している。自分の目的を達成するだけで満足し、気が付いたときには周りにはだれも信頼できる仲間や友達が残っていないというのでは、ひとづきあいがうまいとは言えない。自己主張に対する誤った考え方を指摘し、それを修正するのも対人コミュニケーションを考える際の重要な課題である。

★妥協型人間関係

これは自己目的を半分、相手との人間関係の維持、発展を半分ずつ達成しようとする人間関係である。たとえば相手の主張が百で、自分の主張が五十であるとすれば、その中間をとって七十五で妥協する。これは最も手っ取り早く、相手との考え方の違いを深く話し合い、交渉をする必要がない。機械的に中間点をとって決着すればいいわけだからコミュニケーションに要する時間もエネルギーも最小限で済む。しかもどちらかが一方的に相手に譲ったというわけでもないので、双方が満足しているように思える。

多くの時間を必要とせず、双方ともある程度満足するのであれば、一見理想的な人づきあいの

自己モニターチェック１－１
（対立処理から判断するコミュニケーションパターン）

次のような状況になったとき、あなたはどのようなコミュニケーション行動をとりますか？そのときの行動を思い浮かべながら、後の質問に答えてください。

状況

今日は日曜日で、親しい友人と会う約束をしています。出かける間際になって、家の人から、「今日は天気もいいので、久しぶりに家族でどこかにドライブでもして、夜は外で食事をして帰ってこよう」と持ちかけられました。家族と出かけるということはめったになく、これからもどのくらいこんな機会があるかわかりません。しかし、友人との約束は前からのもので、これを破るわけにはいきません。

このように、こちらを立てればあちらが立たず、あちらを立てるとこちらが立たないという状況で、あなたはどのような行動に出ますか？

行動 ＿＿＿＿＿＿＿＿＿＿＿＿＿＿＿＿＿＿＿＿＿＿＿＿

＿＿＿＿＿＿＿＿＿＿＿＿＿＿＿＿＿＿＿＿＿＿＿＿

ひとづきあいパターン・チェック

次のそれぞれの項目に、以下の要領で答えてください。

1＝こんなことをすることはまずありえない。
2＝しないとは思うが、時と場合によってはありうる。
3＝わからない。どちらとも言えない。
4＝必ずとまではいかないが、十分ありうる。
5＝この行動以外の方法は考えつかない。

1　最初は友人と会うが、夜は家族と一緒に外で食事をする。

1　2　3　4　5

2　「友人の大事な相談に乗ってあげる約束をした」と言って急いで出かける。

1　2　3　4　5

3　家の人には、友人との約束が先約であることをわかってもらえるまで冷静に話す。

1　2　3　4　5

4　友人との待ち合わせはすっぽかして家族と出かける。後日、「うっかり日にちを間違っていた」と言って謝る。

1　2　3　4　5

5　せっかくの休みなのだから、家族には自分の時間は自分の好きなように使うつもりであることをわからせる。

1　2　3　4　5

6　自分に断わりもなく、ドライブや夕食の予定を立てる家族の身勝手さを批判する。

1　2　3　4　5

7　友人に「急に体調が悪くなった」と言って電話して約束を断わる。

1　2　3　4　5

8　友人に電話をかけて、家族と行動することの大切さを理解してもらい、次に会う約束をする。

1　2　3　4　5

9　友人に電話をかけて会う約束を遅らせてもらう。その間、家族としばらく出かけるが、途中で別れて友人と会う。

1　2　3　4　5

10　家の人に気付かれないように、そっと出かける。

1　2　3　4　5

評価方法

次の５つのパターンの後に書かれた番号の項目に対するあなたの回答を合計してください。

10点満点で、８点以上は「その傾向がたいへん強い」、
６～７点は「時と場合にもよるが、基本的には傾向が強い」
４～５点は「どちらともいえない」
２～３点は「その傾向はない、あるいは弱い」
という具合に評価されます。

対立回避型　２・10　　わがまま型　５・６
協調問題解決型　３・８　　お人好し型　４・７
妥協型　１・９

パターンだが、決してそうではない。考え方の違いによる衝突や、双方が傷つくかもしれないような状況を極力回避したいという気持ちはだれにでもある。しかし常にそのような人づきあいのパターンに慣れてしまうと相互の信頼関係をともなうような人間関係を築くことは望めない。

★自閉症型人間関係

ある程度人からは好かれていても自分を通すことができないお人好し型、逆に身勝手で一方的に自分の考えを押し通すだけで、人からは好かれていないひとりよがり型人間関係の悪いところを足し合わせたのがこのパターンである。上司、先輩、部下、後輩、同僚など相手と自らの立場の違いにかかわらずうまくコミュニケーションができない人たちがここに含まれる。「自閉症」というと専門的治療を必要とし、かなり深刻な状態を連想させる、少し大げさなことばかもしれないが、今の日本社会には、しかも若者の間には以外とこの型に分類される人が多いのではないだろうか。表面的には過剰に人に合わせる反面、実は人を思いやる想像力に欠けたような人もこのパターンに分類される。

身近な例で考えてみると、次のようなコミュニケーション行動があげられる。初めて会った人とどのようにして話をしていいかわからない。さらには何と言ってあいさつをすればいいのかもわからない。当然このような人たちは自分の方から知らない相手に話しかけたり、積極的に友達を作ろう、などといった行動を起こすことはない。しかも、悪いことに彼らは友達ができない、他人と何の話をどのようにすればいいかわからない、ということに対して特別な問題意識を抱いていないかもしれない。このことがまさに問題なのである。

だから、まずはこのような状態が健全な社会生活を送るうえで、障害としてさまざまな形で悪影響を及ぼすということを認識し、自己を改善しようという積極的な気持ちをもつことから出発する必要がある。家庭では、幼いころから受験、塾、偏差値などの話題を除いて仕事に忙しい両親と親密な話をする機会がない。学校に行ってもいかに校則を守らせ、校内暴力、登校拒否、いじめといった問題ばかりに心をすりへらしている先生と裸のつきあいができるはずもない。大学に入っても、社会に出ても本当に心を開いて悩みを聴いてくれたり、つきあってくれる人が見つからない。このように自分がひとづきあいがうまくできない人間になったことを、自分以外に原因を求めることは簡単だ。しかし、対人コミュニケーションは自然にうまくなったり、外の原因によってだけうまくできなくなるのではなく、それぞれの人間の自分自身の行動の選択によるものなのだ。

現代日本のコミュニケーションに関する慢性的問題

どんな相手も「オタク」と他人行儀に呼び、緊密な人間関係を築くことを回避しようとする人がいる。「オタク族」ということばには、そのような若者たちを批判しようとする社会の姿勢が現われている。しかし、これは現代の若者の間で突然変異的に起こった現象なのではなく、その

ヒト科
オタク族

前の世代の大人たちが、国際化、情報化など大きな社会の流れに翻弄されている間に、肝心の生身の人と人との相互理解や真の教育などを怠ってきたツケが回ってきていると考えてもいいのではないか。大人は最近の若者をみて「礼儀がなっていない」、「あいさつのしかたも知らない」、「生意気だ」などと言って批判ばかりするが、ではその大人たちには改めるべき点もないほど完璧なのかというとまったくそうではない。

ことばづかいひとつをとってみてもそうである。いつか、NHKテレビで若者ことばについての番組をやっていた。「おじさんが気になる若い女性ことば」のベスト5というのがあって、順番は定かではないが次の五つのことばがあげられていた。「……とか」、「……みたいな」、「いちおう」、「なんか……」、それに「やっぱ」であった。たとえばゴールデン・ウィークや正月前など成田空港で若い女性の海外旅行客に取材のマイクを向けてみると、次のようなやりとりが聞こえてきそうである。


「どちらにお出かけですか」

「あっ、やーだー、ちょっとハワイまで」

「いいですね。ハワイではどんなことするんですか。」

「お買い物とかー、サーフィンとかー、ゴルフとかー、飲みにいったりとかー、○○○とかー、○○○とかー……」

「自分のおこづかいで行くんですか。」

「いちおうそうだけどー、やっぱ少しは親からだしてもらう、みたいな」（語尾が少し上がる）
「どうしてハワイがそんなにいいんですか」
「なんかー、いちおう外国なんだけど、日本語も通じちゃうし、安心できる感じ」（語尾が上がる）

どの返事も歯切れが悪く、人との摩擦を最低限にするために断定を極力避けるという消極的な態度を表している。しかし、改めて考えてみると若い女性ではなくてもだれでもこのような表現を無意識のうちに使っている。現に、同じ番組の中で若い女性がこれらのことばを使って気になるという「おじさん」にマイクを向けると、

「やっぱさー、もう、いちおう大人なんだからー、ことばづかいとか、あいさつとか、周りに気を配るとか、そういうことしてくれないとなんかちょっといやだなー、みたいな」

このおじさん、気になると言っておきながら、自分で全部それを使っているのだから人のことはとやかく言えない。知らず知らずのうちに、指導的立場にある会社の上司、学校の教師、そして家庭での親から多大な影響を受けてこのような若者のコミュニケーションのパターンが生まれてきたのだ。「オタク族」、あるいは「自閉症的人間関係」を好むことを病気、または何か特殊で異常な状態として考えるのではなく、現代の日本人全体の問題として積極的に取り組む必要がある。

これまで「ひとづきあいができない症候群」として、いくつかの側面を見てきたが、実際に問題の本質を明らかにし、そしてそれらの問題を改善するために現実的な方法を発見し、またはゼロから作り出さなくてはならない。

対人関係は親子、兄弟、夫婦間などの家庭内コミュニケーション、教師と生徒、あるいは生徒同士の教育コミュニケーション、三〜十人程度の人間で共通の目標を達成するために行う小集団コミュニケーション、上司と部下、また同僚どうしで行われる組織内コミュニケーション、医療コミュニケーション、異文化コミュニケーション、あるいは男女間のコミュニケーションなど、多種多様に分類される。ことばやことば以外の、シンボルと呼ばれる人間にしか使うことのできない道具を使って人間関係を築いたり、維持したり、また発展させる必要のある状況は常にわたしたちを取り囲んでいる。人間として生まれてきた以上、周囲の人間とコミュニケーションを行い、それぞれの状況で求められている人間関係をつくることは、満足のいく社会生活を送る上で避けて通ることはできない。だとすれば、コミュニケーションのメカニズムについて、人間のコミュニケーションの特徴について、そしてそこで起こり得る問題についての最低限の知識をもっておくことは、車を安全に運転するためには道路標識が示す意味を理解しておくことが当然であるのと同じくらい重要なことなのだ。

2　ヒト（ホモ・サピエンス）とコミュニケーション

人間関係のスタイルは、相手との人間関係と自分の目的の達成とに対する関心の度合によって五つのパターンに分けることができる。その中で、状況によっていくらかの変化はあるにせよ、最も理想的とされるのが「協調問題解決型」である。ひとづきあいがうまくいかない症候群には大きく分けて、人には好かれても自分を通すことができない「お人好し型」、自分の目的は達成できても人から好かれない「ひとりよがり型」、そのどちらもできない「自閉症型」などのタイプがある。さらに相手との考え方や価値観の違いなどと直接向かい合って、議論を通して解決策を探ることを最初からしようとしない、「妥協型」の人間関係にも問題点はたくさんある。最近の日本人の典型的な人間関係を表しているといえるかもしれない。

これらの問題を抱える人間関係について考え、解決策を模索する前に、まず人間コミュニケーションが本来あるべき姿について考え、基本的な理解をしておく必要がある。

ヒトは一人では生きていけない

NHK世論調査部や、野村総合研究所などが行った調査によると、日本人の親戚、隣近所、それに職場の人たちとの人間関係に対する考え方が、この十年から二十年あまりの間にかなり変化していることがわかる。個人の生活に対する満足度が増すにつれて、「ゆとり」を求める傾向が強まり、それと同時に周囲との人間関係は「ほどほど」を望んでいるという結果が出ている。

とくに隣近所とはなにかにつけ相談したり、助け合えるような全面的なつきあいではなく、あまり堅苦しくなく話し合えるような、つまり部分的な、さらには会ったときにあいさつする程度という形式的なつきあいを望んでいる人が大多数を占めている。十代、二十代の若者の世代では、隣近所に住んでいる人を信頼していないという人が、40％近くいる。また困っている人が近くにいても、助けないと答えた人の数も大幅に増えているという。現代日本社会の特徴である希薄な人間関係を反映している。

たしかに生活水準が向上し、物質的満足度が高まるにつれて個人個人がそれぞれの仕事、余暇に自由に時間を使う余裕がでてきたのは結構なことだ。都市化の傾向が高まり、マンションやアパートで暮らすひとたちは同じ階に住む人はおろか、すぐ隣の人も知らないということさえめずらしくはなくなってきた。個人の空間、時間、プライバシーを守ることにも大きな意味があるわけだから、このような都市化の傾向を単に改善すべき問題として考えるのは拙速だろう。

しかし、このように変化する社会の情勢の裏には、人と気軽に、あるいは深いそして信頼できる人間関係を結びたいと思ってもなかなかその機会に巡り合うことができないで悩んでいる人たちも多くいるはずだ。いつもべたべたとした人間関係をもつのもうっとうしいが、必要なときにはどんな相手とも最低限のコミュニケーションをする能力を備えていなくては、満足な社会生活を送れる人間としての条件を満たしてはいないことになる。コミュニケーションという重要な境界線が、動物としてのヒトと、社会性動物、人間とを区別している。

コミュニケーションは趣味や娯楽の一部ではなく、空気、水、食物、睡眠など、生きるために必要な要素のひとつと考えられる。猿やライオンでさえ（というと彼らに失礼だが）、ボスを決めたり、仲間と仲間ではないものとの区別をしたりするためのコミュニケーションをする。しかし、動物のコミュニケーションと人間のコミュニケーションとの間には決定的な違いがある。人間だけがことばや非言語の媒介をシンボルとして使い、祖先が文字に残してきたさまざまな記録から多くのことを学び、逆に後世のために情報を蓄積するという高等なコミュニケーションをしている。ヒトが猿やクジラ、ライオンなどの他の哺乳動物とは違った生活を営み、社会を構成し、文化を発展させていくためにはコミュニケーションは欠かすことができない。周囲の身近な人とのコミュニケーションがうまくできない、あるいはしようとしない、といった人は人間としての満足な生活を送ることを最初からあきらめている。

ヒトが、もしかりに生まれたころから他の人間とまったく接触しないで生きたとしたらどうなるのだろう。現にインドのベンガル地方で狼に育てられたと思われる二人の少女が発見されたが、ことばをしゃべるどころか、二本足で生活することさえできなかった。人間としての自分がだれなのかもわからないまま、短い一生を終わったという話がある。

言い古されたことかもしれないがヒトは人と人との間に生きるから人間と呼ばれるのだ。このことには大事な意味がふたつ含まれている。ひとつは人は他の人間と交わりをもち、社会という大きなグループの中で自らの位置、役割を確認しながら、さらに与えられた責任を果たしながら生活を営むということ。いまひとつは、一人の人間が本当に自分の性格や習性を知る、つまり正確な自己認識をもつことは、他の人間との接触を通して初めて可能になるということである。要するに、ひとづきあいがうまくできない、人と顔をあわせたり、話をするのが億劫で、他の人との接触を極力避ける人は、人間としての最低限の能力を備えていないとさえ言える。つまり、ヒトは決して一人では生きていけない。

コミュニケーションはヒトを人間に変える

ではなぜ、そしてどのようにしてヒトがコミュニケーションを通して人間になるのだろうか。人間はことばや、ジェスチャー、顔の表情、視線などの非言語の道具、つまりノンバーバル・コミュニケーションを「シンボル」として自由に操ることができるからである。

★ことばには意味がない。

ことばや身振り、手振りには意味はない。「いまさら何を」と言われるかもしれないが、わたしたちが日ごろ何気なく使っていることば、そして今この本を読んでおられる方が目にする文字、これらにはもともと何の意味もないのだ。

人間は、といってもこの場合日本人は、たとえば「雪」ということばを、「寒いときに空から降ってくる白いもの」を指すために使おうと、勝手に決めた。これはあくまでも勝手に、恣意的、人工的に決めたことであって、実際に空から降ってくる冷たい白いものそのものと、「雪」ということばとの間には必然的な関係はまったくない。つまり、もしかりにわたしたちの祖先が大昔、

♫ かーばやこんこん
さとる.

寒い日に空から白いものが落ちてくるのを見てそれを「かば」と呼んでいれば、今頃「かーばやこんこん」という歌が歌われていたかどうかは知らないが、雪ということばを使う代わりに「かばが降ってきた」と言っていただろう。

ばかばかしいたとえのようだが、日ごろのコミュニケーションで使っているすべてのことば、それにジェスチャー、顔の表情、視線、さらには身につけている服装から装飾品や香水にいたるまで、人間は本来それ自体には何の意味もないシンボルを使って自分の気持ちや意見を表現しようとしている。

逆にそれらのシンボルを受け取った側も、それぞれの状況や、その相手との関係などを考慮してシンボルに「適当な」意味を付けて相手の言いたいことを理解しようとしている。これが対人コミュニケーションでのシンボル行動なのである。たとえば香水は実際に体臭を消すという実質的な機能を果たすのとは別に、わたしたちは人と会うとき、その相手に何らかの意味を伝えるという機能を香水の匂いに託している。そしてその香水が何とかいうブランド物であれば、さらにそのコミュニケーション機能が効果的になることもある。その香水の香り、さらにはブランド名には最初から何の意味もないのだが、その匂いを嗅ぎ、高級ブランド名を聞いた相手が「ああ、この人はわたしと会うことに特別な気持ちをもっているんだ」と考えたとき、その香水はシンボルとしての役割を果たしたといえる。

ことばや非言語のシンボルそのものに最初から意味が含まれているのではない。意味は人間が勝手にそれぞれの頭のなかにもっているもので、それを他の人に伝える際、自由気ままにことば

自己モニターチェック２－１

「くるま」ということばに対して日頃から持っているイメージを５つ並べてみてください。

1　「くるま」とは＿＿＿＿＿＿＿＿＿＿＿である。

2　「くるま」とは＿＿＿＿＿＿＿＿＿＿＿である。

3　「くるま」とは＿＿＿＿＿＿＿＿＿＿＿である。

4　「くるま」とは＿＿＿＿＿＿＿＿＿＿＿である。

5　「くるま」とは＿＿＿＿＿＿＿＿＿＿＿である。

次に友人、家族などに同じことをやってもらい、あなたの「くるま」というシンボルに対するイメージ（暗示的意味）とどのように異なるか、似ているかチェックしてみてください。「くるま」ということばが単なるシンボルで、実際の車とは何の必然的関係もないことが確認できますか？

を選んでいる。ということになると人間のコミュニケーションとは実にいい加減なものになる。

しかし、シンボルと意味の関係が流動的、かつ個人的だからこそ人間はシンボルを使って人間だけに与えられた能力を使い、自分たちを発展させることができた。そのひとつは、頭のなかでシンボルを使って、たとえば過去のことをなつかしく思ったり、将来の計画の構想を練る、という能力である。もうひとつは自分の目の前にいる、いないにかかわらず、人間は他の人間の気持ちを察し、そのひとの立場に立ってものごとを考え、「共感」や「感情移入」をすることができる。相手の立場に立って今の状況を考えたり、あるいは自分自身を一歩離れたところから見ることによって人間関係を発展させ、自己を認識する。このようにして単なる「霊長目・ヒト科・ヒト類・ヒト」ではなく、人間らしいコミュニケーションが可能になる。

★ことばはあいまい。

シンボルそのものには意味は含まれていない。それぞれの状況でシンボルに最も適当な意味をあてはめて人間はコミュニケーションをしている。ということは、シンボルとそれから個人が想起する意味との間にはあいまいな関係しかないことになる。ひとつのことばを聞いて人はそれぞれ微妙に、場合によっては大きく違った意味を当てはめる。「つくえ」、「まど」、「めがね」など、ことばとそれがさすものとが比較的単純な関係を持つ場合はそれだけ誤解の余地は小さい。しかし、これがたとえば「愛」、「信仰」、「自由」といった抽象的なことばだと、個人がイメージする内容は大きく異なる。これは誤解というより、二人の人間の間で共有する意味が不特定、不透明になりやすいことを示している。

シンボルと意味との関係があいまいであるということは、一見人間にとって不利益なことのように思えるかも知れないが、このこともやはり重要な意味をもっている。特に日本文化では伝統的に「一を聞いて十を知る」、とか「行間を読む」、とか「ひとの気持ちを察する」、あるいは「余韻を味わう」というコミュニケーションの型が美徳とされてきた。俳句などはその良い例である。わたしたちはたった五、七、五と並べられた文字を読み、俳人がその句を詠んだときの気持ち、情景、季節、時間、あるいはその時代の様子など多くのことに思いを馳せる。

もしかりにシンボルと意味との関係が固定されていたとすれば、俳句をはじめ、歌謡曲、ロック、クラシックなどの音楽、また踊り、絵画、さらには生け花や茶道にいたるまで、すべての「芸術性」がなくなってしまう。記号と意味との関係が固定されているコンピュータ言語では芸術は生まれ得ない。

シンボルと意味との間にはあいまいな関係しかないために、誤解が生じたり、人間関係がぎくしゃくしたり、ついには関係がこわれてしまうこともあるだろう。しかし、逆にあいまいさがあるからこそ、人間関係のなかに「あそび」、というか余裕をもつことも可能になる。友人にある朝「今日はさえない顔してるね。なんかあったの」と言われたら「それどういう意味」とくってかかるのもひとつの選択かもしれない。口にだして反発しなくても、「こいつはいつもいやなことばかり言う奴だ。どうせ俺はいつも変な顔をしているよ」と心のなかで思うのもひとつの選択肢だろう。でも、「えー、本当にそんな顔してる？実はちょっと困ったことがあって」と素直に言えば相手も「もし相談に乗れることがあったら、いつでも言ってよ」と答えてくれるかもしれない。いつもこのような解釈をすることは難しいかもしれないが、シンボルと意味とのあいまいな関係をプラス志向でとらえると、対人コミュニケーションは随分楽になり、人間関係を発展させることが楽しみになるというものだ。

★ことばですべてを表すことはできない。

日本語、英語、中国語、スペイン語、などそれぞれの言語には多くの語彙があり、さらにそれぞれの文化には独特のそして無数ともいえるノンバーバル・シンボルがある。それだけのシンボルがあれば世の中で起こっていることや、それぞれの個人が考えること、感じること、すべてを余すところなく表現できそうなものである。たしかにひとつのことをコミュニケートするのに限りない時間が与えられているとすれば、これ以上くわしく表現することはできないというレベルまで達するかもしれない。しかし、それは非現実的である。言い換えれば、それ自身には何の意味もない、しかも状況によって、そして人によって意味が変化するという、恣意的であいまいなシンボルを使って二人の人間がコミュニケーションするのだから、受け手が実際に目で見たり、耳で聞いたり、あるいは肌で感じるシンボルは、送り手が本当に表したいことのほんの一部分にすぎない。つまり、シンボルは抽象的である。

一組のカップルが食事をしている。料理を食べながら、「このお肉おいしいね。私はこのお店がいちばん好きだわ」と女性が言う。これに対して男性が「そうだね」と返事をする。何の変哲もない会話だが、ことばの抽象性ということから見てみるといろいろなことが考えられる。女性が言う「このお肉」とは何を指すのだろうか。彼女が今食べているステーキ全体、つまり皿に乗っている肉のすみずみまでを含んでいるのか、それとも今口にしている、ステーキの中でも特にやわらかい部分を指しているのか、あるいはまたこのレストランで普段出されるステーキ、それとも肉料理全体のことを指しているのだろうか。また、「おいしい」というのは何だろう。肉そのものの味、下味がついているとすればその味、焼き方、添えられているソースの味なのか、そしてそれぞれがどのように「おいしい」のだろうか。わたしたちは食物が嗅覚や味覚に心地よい刺激を与えてくれるとき「おいしい」とか「旨い」ということばを使うが、夏の暑いときに飲むよく冷えたビールが「おいしい」のと、ステーキを食べたときの「おいしい」とは区別されなくていいのだろうか。

さらにこの女性は「このお店がいちばん好き」と言っている。「お店」とは少し特別な時に食事をするおしゃれなお店のなかで「いちばん」と言っているのか、レストラン全部つまり、洋食、和食、中華、その他全部含めて「いちばん」なのか、さらに洋服を買う店、デパートからコンビニにいたるまですべての「お店」までも含んでいるのだろうか。これらの無限の意味を含んでいるかもしれない女性のことばに対して「そうだね」という男性の返事はどこから来るのだろう。何が「そうだね」なのだろう。「肉がおいしい」ということに対する返事なのか、それとも彼女せないでほかのことを考えていて適当に言ったことなのか。

食事の時の会話をこんなふうに考えてしまうと、おいしいはずのものもおいしくなくなり、会話をすること自体面倒になってしまう。しかし、ことばとはいくらそれを多く使っていねいに話しても自分が伝えたいこと、また世の中で起こっていることを余すところなく表現することは不可能で、実際に表にあらわれていることばや、ノンバーバル・シンボルはそのほんの一部なのである。人間は五感を使って多くの刺激と出会い、その中から自分でその時の気分によって適当なものだけを選択し、それらを分類、解析し、そして最後に何らかの判断をする。そしてその結果最終的にコミュニケーションの現場で「おいしい」、「いちばん好き」、「そうだね」というシンボルを使ってその「刺激処理」のプロセス全体を表現しようとしている。このプロセスを「抽象化のはしご」と呼ぶ。

抽象化の第一段階ではことば、レッテル、シンボルなどとは一切関係なく存在する無数の刺激の中から、一人の人間がその時の気分や、関心のレベルなどにほぼ無意識のうちに影響を受けながら、それらの意識を「観察」する。次に余計な刺激を排除しつつ、自分に関心の高いものだけを選択する。例のカップルの女性の場合、肉の味やレストランの雰囲気、相手の男性とのこれまでの関係やこれからの展望などといったものが含まれるだろう。そして選んだ刺激を何らかの方法で分類する。つまり、今回のデートに対する全体的な印象、料理の感触、またレストランに関する自分の考え、という具合に刺激をそれぞれのカテゴリーに当てはめてみる。さらに、それぞ

図2－1
抽象化のはしご

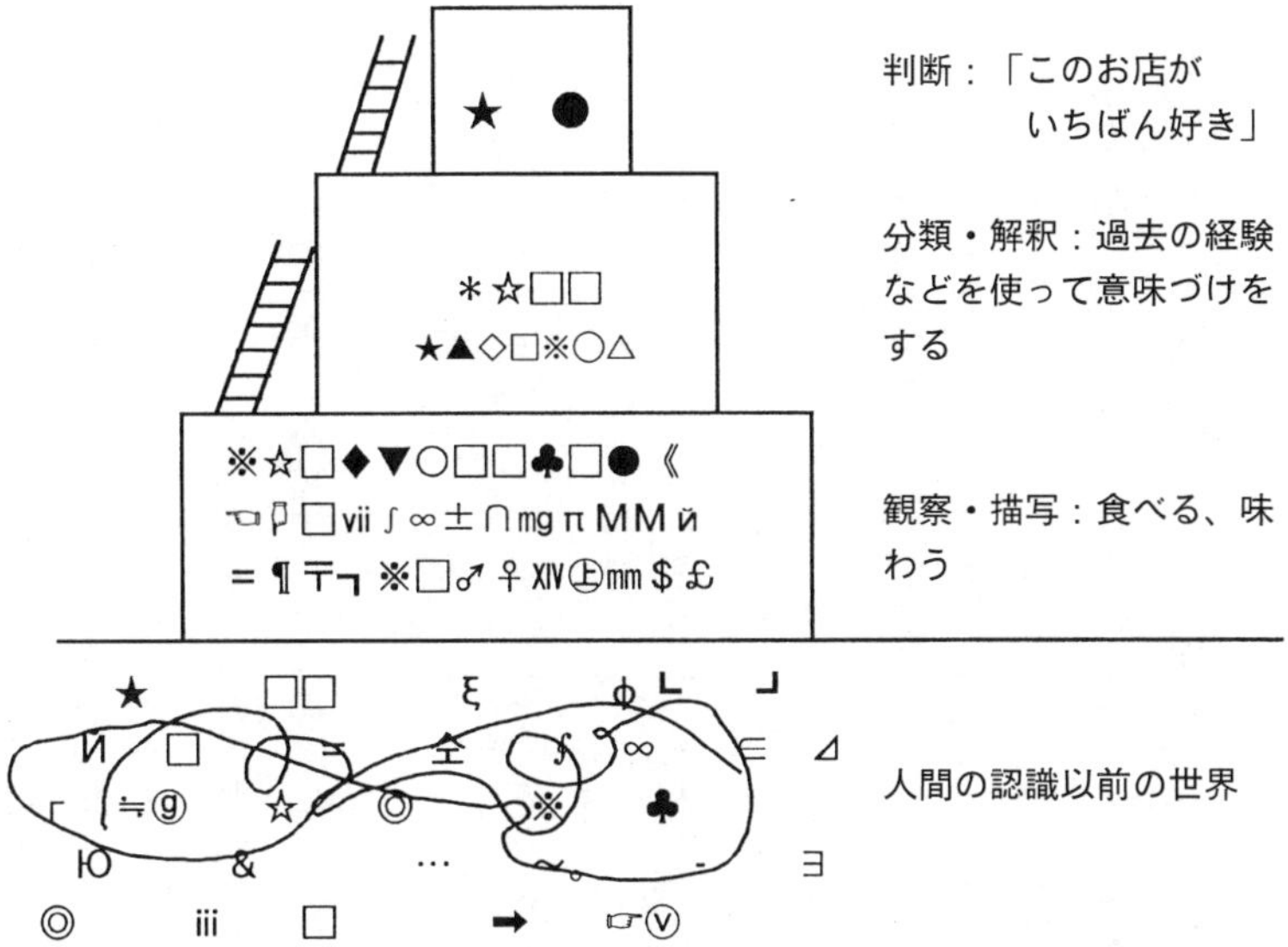
判断：「このお店が
いちばん好き」
分類・解釈：過去の経験などを使って意味づけをする
観察・描写：食べる、味わう
人間の認識以前の世界

れの刺激、情報に対して自分なりの解釈を加え、最終的に「このお肉おいしいね。私はこのお店がいちばん好きだわ」という言語シンボルを口にだすことを決断するわけである。ここではノンバーバル・シンボルについては触れなかったが、当然その内容に適した、つまり喜びを表現するような口調で、またにっこりしながらそのことばを発するのが普通だろう。「このお肉おいしいね。私はこのお店がいちばん好きだわ」という短いことばの中にはこれだけの、いやそれ以上の情報が託されている。

文化とコミュニケーション——「言わなくてもわかってもらえる」対「言ってもわかってもらえない」

日本語、英語、中国語、イタリア語、どのような言語も一定の発音、文法、さらに用法に関する規則、習慣などにしたがってそれぞれの言語圏で使われるシンボルである。そしてシンボルであるそれらのことばは恣意的で、あいまい、かつ抽象的なものである。人間である以上何らかの言語を使って日常生活を送るのだが、ことばやノンバーバル・シンボルに対する姿勢、さらに日々の生活でそれらをどのように使うか、ということはそれぞれの文化によって異なる。その異なり方のひとつに「高文脈（コンテキスト）文化」と「低文脈（コンテキスト）文化」という分け方がある。

高文脈文化では、コミュニケーションでの意味の交換の際、実際に目に見え、耳で聞こえるシンボルに依存する割合が低く、その分、ふたりの間のこれまでの関係の推移、お互いの性別、年令、社会的地位、あるいはその場その場でのことばには表すことのできない雰囲気、などに依存している。逆に低文脈の場合は、実際に表に出されたシンボルに、より全面的に依存しながら相互理解を図ろうとする。

Aの文化が高文脈で、Bが低文脈であるということは簡単には言えないが、一般的に日本はアメリカや西ヨーロッパ諸国に比べると高文脈の傾向にある。たとえば日本では「一を聞いて十を知る」とか、「行間を読む」、などしていちいち言われなくても「気を利かせて」、「相手の気持ちを察してあげる」のがうまいコミュニケーションであると伝統的に言われてきた。確かに日本という全国どこに行っても比較的文化的な差が少ないところでは、話の内容にあらかじめかなりの共通項があると予想される。

最近では価値観が多様化してきていて、自分のすぐ隣の人と信念、趣味、嗜好などが大きく異なることも珍しくなくなってきた。しかし、アメリカなど実にさまざまな文化が共生しているところと比較すると日本はまだまだ「言わなくてもわかってもらえる」部分が大きい。

日本語では「あれ」、「これ」、「それ」、あるいは「ちょっと」、「べつに」、さらには「どうも」などということばで随分多くのことを語ることができる。お店に行ってショーウィンドウの中に飾ってあるたとえば腕時計を出して見せてもらうにしても、ひとつの商品を指差しながら「ちょっと、そこの、それ、それ、いや違うあれよ」と言いながら自分が見たいものを手に取ることができる。もちろん店員の方も「お客さま、『何列目の右から何番目の何色の』とおっしゃっていただかなくてはお出しできません」と言っていたのでは商売にならない。食事にいっても「おまかせ」という料理がある。これらは、客と店員という人間関係の枠があるからこそ客が一から十まで言わなくても、店の方で客が気に入ってくれるように「気を利かせて」先回りをするのである。低文脈といわれるアメリカではいくら客と店という関係でも「おまかせ」料理などというものは存在しない。たまに「本日のおすすめ」というのがあっても客は、その内容をウェイターやウェイトレスに尋ね、また尋ねられたほうもひとつひとつ丁寧に説明してくれる。

日本では多くの状況において「言わなくてもわかってもらえる」高文脈コミュニケーションが行われることが多いのに対して、文化的な特徴においては対照的なアメリカでは十のことをわかってもらうためには十二か十三くらい言わなくてはならないことがある。たとえば、飛行機に乗ったら離陸の前に安全ベルトの締め方、非常口の場所などの説明が行われるのは日本もアメリカも同じだが、アメリカではそのあと必ず「お手洗いに備え付けてある煙探知機を持ち去ったり、壊したり、またいたずらに改造することは連邦政府で定める法律によって禁止されています」というアナウンスが流れる。また大学のカフェテリアに行くと「衛生法により当食堂で食事をする際は靴とシャツを身につけておくことが義務付けられている」という貼り紙を目にすることもある。日本人から見れば「そんなことといちいち言われなくったって」と言いたくなるような、一種不快な感情さえ催すような光景である。

しかし、「言われなかったから」、「だれも教えてくれなかったから」の一言で責任を逃れ、逆に相手を告訴することさえできる低文脈社会では、求められなくても先に必要な情報を相手に与えることがコミュニケーションの際の暗黙の了解なのだ。実際、日本人とアメリカ人のおとなが日常生活で使う、あるいは少なくとも知っている語彙を数えて比較するとおもしろい。

ある日、フィラデルフィアに住むアメリカ人の友人夫婦2組とチャイナタウンで食事をした帰り、日本でも見かけるフランチャイズのアイスクリーム店に寄ってデザートをということになった。日本の店と比べるとその広さは楽に2倍以上あり、そこにおいてあるアイスクリーム、それにトッピングの数も半端ではない。あれこれ迷ってようやく注文を終え、アイスクリームを待っている間、ふとそのアメリカ人友人男性の「語彙力」を試してみたくなった。そこに並べてある二十から三十種類もあろうかと思われるトッピングを指して、「あれみんな名前がついてるのか」と尋ねてみた。そうすると「もちろん。教えてあげようか」といってその友人は二、三種類「ちょっと思い出せない」と言ったものを除いて残りすべての名前を口に出してくれたのだ。日本ではどうだろう。おそらくそれぞれに番号がついていたり、あるいは「二列目の左から三番目」などと言ってそれぞれの名前はそこで働く人さえ知らない可能性が大ではないだろうか。

アイスクリームのトッピングの名前をたくさん知っているかいないかで、低文脈、高文脈文化ということは言えないが、目に見えるシンボルに対してどの程度依存しているか、ということは文化によるコミュニケーションに対する姿勢を考える上でたいへん有意義である。高文脈文化の人と低文脈文化の人とが出会ってコミュニケーションをする際には単に発音、文法の違いではなく、ことばそのものに対する考え方の違いから予想もできない誤解や対立が生じることもある。

人間の社会性、関係性―「時」と「場」を共有してヒトが人間になる

これまで、わたしたちがコミュニケーションに使うことばやノンバーバル・シンボルの特徴について考えてきた。では、ヒトが社会的動物として生きるとはどういう意味なのか。また人間がシンボルを使ってコミュニケーションをするからこそできる行動にはどのようなものがあるのだろうか。

数字や交通信号といった、記号とそれが指すものとの関係がはっきりしていて、それぞれの状況で意味が大きく変わることがないものをシグナルという。これに対して、人間のみが自由に操ることができ、コミュニケーションをする際の有力な媒体となるものをシンボルと呼ぶ。人工的、あいまいで抽象的なシンボルは時として対人関係での大きな誤解や対立、果ては人間関係そのものの崩壊の原因ともなりかねない。しかし人はコミュニケーションを通してこのあいまいな部分を明確にし、周囲の人間と共有できる部分、つまり相互理解の領域を広げようと努力する。もちろんそれが常に報われて、どのような相手ともうまく意思の疎通をし、共感し合える関係が築かれるとは限らない。でもそんな努力を通して自分はこの世の中で一人で生きているのではなく、周囲の人間と多くのことを分かち合いながら、社会性動物、人間として生きているということが実感できる。

空間人時人

人と人との間に生きて人間、ということはこのような意味なのではないだろうか。そして、人と人との間にある相互理解の領域に加えて、社会でうまく生活していくためには個人個人がスペースと、時間をも共有しているのである。このようなことが理由で大学の入学式後のクラス・オリエンテーションで「あいさつをする、返事をする、時間を守る」という三つのことを新入生に言うのである。つまり、あいさつをするということはお互いが共有する空間に、同じ時間にいあわせたということを相互確認するという意味。返事をするということは、ヒトが人間たり得るコミュニケーションの最低条件を満たし、さらに相手の存在を尊重しているということを表現することにつながる。最後の時間を守るということは多くの説明を必要とはしないが、約束に遅れて、それぞれの個人にとってかけがえのない時間を奪い取ることは、人間社会に属するかぎりどのような人にも許されることではない。

これらのことは憲法や法律で定められているのでもなければ、「○○で生活するためのマニュアル」などといったものが準備されていて、そこに明記されているわけでもない。しかし、これこそ「言われなくてもわかる」こととして、そしてシンボルという高等なコミュニケーションの道具を使う人間としては、当然わかっておくべき最低限のルールなのだ。人間関係に悩む人はこれらのシンボルの特徴、そして人間社会の最低限のルールを正確に理解していないことが多いのではないだろうか。

人間のコミュニケーションのユニークさ

このように、人間はシンボルという、特徴のある道具を使ってコミュニケーションしているために、他の動物とは根本的に異なった社会を形成し、その中で相互に影響をしあっている。では、人間はシンボルを使ってどのような珍しい能力を身につけ、それをどういった社会行動に利用しているのだろうか。

★説得

「説得」ということばは堅苦しく、どうも重苦しいニュアンスをもっている。

「幼児を人質にとって立てこもっている犯人を、警察が必死になって説得している」
「二人は、反対する双方の両親をなんとか説得して婚約までこぎつけた」
「X高校への進学に渋い顔をしていた担任を説得して、なんとか受験させてもらった」、など

説得という行為には相手の意志や行動を百八十度転換する、あるいは転換しなくては成功したとは言えない、という意味が隠されている。当然これらの状況では説得コミュニケーションがされるのだが、本当は説得とはこんなに狭い意味で用いられるべきではない。最初から同じ意見をもっている人に、さらにその意見を強めてもらうように仕向けるのも一種の説得である。

ということは、政治家が支持者を集めて行う演説会、自動車のセールスマンが車を買ってくれた客にアフターサービスとして新車の無料点検を勧めるためにかける電話、さらには学校の授業といい、受験生をもつ親が試験の日にこどもに「がんばってこいよ」と声をかけることも説得である。これらひとつひとつの状況で、程度の差はあるものの説得が起こっている。このようにシンボルを使って相手の気持や行動に影響を与える、あるいは与えようとするコミュニケーションの行為をすべて説得と呼ぶ。

もうひとつ大事なことがある。これらの状況では政治家が支持者を、セールスマンが客を、あるいは教師が生徒を直接説得するのではない。教師と生徒の場合、教師は日頃から生徒に役に立

つ多くのことを教えてあげたり、親身になっていろいろな相談に乗ったりしながら、生徒に信頼感を植え付け、そして教室ではことばと非言語のシンボルを駆使しながら授業を進めていく。ここで生徒がその授業の内容を正確に理解し、教科に対する関心を高めるためには、生徒が生徒自身を、つまり自己説得することがきわめて重要である。

上司や先生から頭ごなしに、あるいはいやなことを相手から脅迫されてやったような場合、わたしたちは「説得された」とは言わない。シンボルを使ったコミュニケーションとしての説得とは、このようにメッセージの受け手が送り手からのシンボルを自分の頭のなかで理解、分析、そして評価してそれをみずからの考え、態度、行動に反映させるプロセスを指している。

動物、たとえば多くの人がペットとして飼っている犬を例にあげるならば、根気強い訓練の末、飼い主が発することばをあたかもひとつひとつ理解するかのように、言うことをきいてくれる犬がいる。たしかにつまらない人間よりは、犬の方がよっぽど素直で、役に立つことがある。

しかし、飼い犬のいかにも人間に対する忠誠心のあらわれとも言える行動は、飼い主のことばを犬がシンボルとして理解、分析、評価した結果ではない。犬が人間よりも鋭い嗅覚、聴覚を備えているのは事実だが、人間が持つ、ことばや身振り手振りをシンボルとして認識、理解、解釈する能力はもっていない。したがって二人の人間の間で見られる説得の行為は、シンボルの持つ特徴を人間が利用した高度なコミュニケーション行動なのである。

★共感

一九九五年一月一七日未明、阪神、淡路を襲った大地震によって多くの命が奪われ、たくさんの人たちが震災によって家族や財産を失った。このショックから、いまなお立ち直りきれていないことをわたしたちはメディア、あるいは実際に不幸な目にあった人たちからの話を通してよく知っている。壊れた家の下から毛布に包まれた変わり果てた肉親の姿を見て泣き崩れる人たち、それまで働いていた自分の店や会社が一瞬にして全壊し、その前で茫然と立ちつくす人、などをテレビで見ると、わたしたちは普通それらのことがあたかも自分の身に起こったかのように悲しみ、涙を流し、そしてその人たちに深い同情を覚える。地震や、その他の災害が起こると全国各地、そして外国からもボランティアとして多くの人たちが援助の手をさし延ばしてくれる。他人のことを哀れんだり、逆に幸せなことを一緒に喜んだり、困っている人の相談に乗り助けてあげる、といった行動はすべてシンボル活動である共感の表れだ。

わたしたちは他の人間が頭のなかで考えていること、感じていることなどを、ひとつひとつ言われなくても察することができる。また、他人に起こったできごとを、「もしこれが自分だったら」と、考えてみることもできる。当然他人が考えていることをすべて、しかも正確にとらえることはできない。しかし少なくとも相手に気配り、思いやりを示したり、さらに友人が困っているときにその人の立場に立っていっしょになって解決策を考えたりすることもできる。逆に他人に自分の気持ちを理解してもらうために、たとえ話を使ったり、写真を見せたりして説明することもある。これらのこともやはり人間がシンボルを使ってコミュニケーションをするからこそできる行為なのだ。

小説家、映画監督、俳優、落語家、牧師、教師、弁護士、カウンセラー、などの職にある人にとっては共感、感情移入というコミュニケーション・スキルがきわめて重要な役割をはたすことは言うまでもない。だが、共感はこれらの職業についている人に限って重要なのではなく、だれにとっても、そしてどのような対人コミュニケーションの場でも欠かすことのできない能力である。

日常のコミュニケーションでは、特に日本人どうしのコミュニケーションでは、「言われなくてもわかる」能力が重要視される。旅行業、外食産業、そして製造業はもちろん、どんな産業でも製品を購入したり、サービスを利用する客の立場に立ってものごとを考えなければ、売り上げを伸ばすことはできない。人の先回りをして「こうすれば喜んでくれるだろう」ということを考えた人や会社が成功を修める。

頭のなかにある多くのことを表現するために使う抽象的なことば、ノンバーバル・シンボルはほんの氷山の一角で、その裏には決して言い尽すことのできない情報が隠れている。ということはどんなに親しい相手とのコミュニケーションでも、実際に交換されるシンボルは、それぞれの人たちが考えたり感じたりしていることをすべて表しているものではないということになる。だとすれば、わたしたちはどんなコミュニケーションの状況でも相手が使うことばはもちろん、声の大きさ、抑揚などの口振り、顔の表情、視線、さらには服装などから、そのひとが考えているに違いないと思われることを感じとることが求められる。度を超すと「勘ぐり」になって、つまらない心配をしたり、妄想に陥ってしまうこともある。しかし、わたしたちはどのようなコミュニケーションの場でも相手の気持ちに対して共感し、相手に自分の気持ちを察してもらう相互理解に努めている。

★ゴール設定

シンボルを使って人間は頭のなかで前に起こったことを思い出したり、そのことをなつかしく思ったりする。同様にまだ起こっていない未来について考えることもできる。自分自身の将来に夢や希望をもったり、もっと大きなスケールで人類全体の未来、たとえば環境や人口問題についていろいろと考える。もっと身近なところでは、翌日の計画を立てたり、目的を達成するための具体的な行動を計画する。人間は時間を越えて想像を走らせることができる。これもシンボルという不思議な道具のおかげである。

今までに行ったことのないところに初めて旅行するような場合、空港までのおよその時間を調べ、乗り継ぎに間に合うように飛行機の予約をし、予算にあったホテルの部屋をとり、旅行全体に必要なお金を用意する。これらはわたしたちが頭のなかで「こうなった場合はこうで、ああで……」、という具合にいろいろな状況を想定しながら計画を立てるからこそできるのだ。もちろん、これまでに経験したことのない未知のことに遭遇するのだから、予想がはずれたり、計画がくるったりすることもよくある。そのような場合パニック状態に陥ることもあれば、自分の行動を軌道修正して冷静に対応することもあるだろう。これらもやはり人間がシンボルを使って個人内コミュニケーションをしているからにほかならない。

さらに重要なことは人間は自らのゴールを設定し、そのゴールに到達するための手段を考え、そして今現在の行動を調整する能力ももっている。たとえば、達朗という一人の高校生がいるとしよう。達朗は将来医師になりたいと思っている。医師になるためには当然大学の医学部に行かなくてはならない。医学部に入るためには特に数学、生物、化学などの科目に力を入れる必要がある。達朗は必ずしも勉強が好きというわけではないが、将来医師になるという希望、夢に向けてテレビを見る時間を削り、友達と遊ぶのもほどほどにして塾に行き、夜おそくまで勉強する。こうして好きでもない勉強をあえてする、という行動は達朗の将来の夢、希望、目標を設定し、それを達成するために逆算して現在するべきことが勉強である、という結論に達したからである。このようにして将来の理想に到達するために、現在必ずしも楽しくない行動をとるのは人間がシンボル活動をしていることの証拠である。

同じようなことは病気を治すために苦しい治療に耐えたり、体重を減らす目的で食べたいものを我慢したり、朝早起きできるように前の夜早く寝る、など日頃の行動で頻繁に見られる。人間以外の動物がどんなに賢いといっても、ダイエットをする金魚や、早寝をする犬、あるいは将来の発展を計画するイルカの集まりなどありえない、という事実が人間と動物のコミュニケーショ

ンの決定的な違いを物語っている。このようにして人間は将来のみずからの存続と発展のために環境破壊を食い止める工夫をしたり、世界の人口が増えすぎることを防ぐ努力をすることができる。恣意的で、あいまいで、そして抽象的なシンボルが人間に与えてくれる恩恵は計り知れない。

このようにシンボルを媒介として行う人間のコミュニケーションと、自分の身を守ったり、種の存続などの本能に導かれて発生する動物のコミュニケーションとの間には根本的な違いがある。生まれてきたときは犬や猫などの動物とほとんど変わらない「ヒト」は、社会で生活するにつれて「人間」として成長する。ヒトと人間との決定的な違いがシンボル・コミュニケーションなのだ。

しかしながら、残念なことに人間だけに与えられているはずのシンボル行動の有益な利点を、十分利用しない人も少なくない。人間関係を結び、自分自身を発展させていく努力を積極的に行わなくては、ヒトとしての使命を全うしていないと言わざるをえない。では人間関係を築き、発展させるということ、そしてその中で自分を成長させるということはどのようなことなのか、ということをこれから考えていくことにしよう。

3　対人関係とコミュニケーション

人間関係を結び、集団を築いて社会生活を営むことがヒトと人間とのたいせつな境界線をなしている。その過程でシンボルという他の動物は持ち合わせない道具を、ユニークな方法で使うことこそが人間が人間たる要素なのだ。

一口に人間関係といっても相手や、関係を築く目的、関係が形成される状況や背景、それに人間関係の発展や崩壊の推移の特徴など、多くの側面について考えることができる。人間関係を取り巻くコミュニケーションの特徴、予期すべき問題点などについて考え、さらにそれらへの対策を用意しておくのもまた人間のみができるシンボル活動である。

これらの人間独自の能力を実際に生かさなくては猿や犬、鳥などの動物との区別はなくなってしまう。生まれたときはヒトであっても、必ずしも人間にのみ与えられた潜在的能力を実現することが約束されているわけではない。自発的に積極的に努力しなくては、満足いく人間にはなれない。現代の日本社会で、青少年によって引き起こされる事件や、さまざまな社会現象から見ると、ヒトとして生まれはしたものの、人間にまで成長していない人は意外と多いのではないだろうか。

人間関係を作ることの意味

ヒトはこの世に生まれて間もなく社会的動物としての生活を営む環境に入る。家族に迎え入れられ、保育園や幼稚園、学校、そして社会へと、段々大きな人間の輪の中での生活を経験する。

この間、友達を作り、喧嘩や仲直りを繰り返しながら関係を発展させる。集団のなかで先輩、後輩、上司、部下、同僚と付き合い、新しい家族をともに作るパートナーと出会い、親密な関係を築き、結婚という特別な人間関係を作り上げる。これらすべての出会い、あるいは別れの中できわめて重要な役割を果たすのが対人コミュニケーションで、人間関係の姿はそこで行われるコミュニケーションを忠実に反映している。コミュニケーションがあってこそ人間関係が生まれるわけで、あらかじめ人間関係があってそこで起こるひとつの現象がコミュニケーションであるというのは矛盾した考え方である。つまりコミュニケーションは人間関係の一部なのだ。

人とのコミュニケーションは、少し大げさに言えば、生きるために欠かせない空気、水、食物、睡眠、排泄などと並ぶくらい大切である。私たちは物理的、心理的、そして社会的な欲求のために、一人で生きることはできない。また、自分自身の性格、長所、短所などに関する自己概念の形成は、他者との接触を通じて初めて可能になる。このようにして社会的動物、「人間」として生活するには、対人コミュニケーションは趣味や娯楽ではなく、満たさなくてはならない最低限の条件なのである。

さらに、コミュニケーションの型や癖はその人が身に付けている洋服、化粧、アクセサリーといった表面的なものとは違い、内側からにじみ出てくる人間性を表している。人間性はそれまでの生活環境、家庭での対人関係、過去の経験、他人との関係に対する考え方、将来の展望など、あらゆることの複雑な相互影響によって形成される。つまり、自分のコミュニケーションは単にボールを投げたり、自転車の乗り方をおぼえるといった技術的なことではなく、内面から磨いて発展させていかなくてはならないのである。コミュニケーションと人間性、そしてそれぞれの「個」との間には密接な関係がある。

したがってどのようなコミュニケーションを通して対人関係を営むか、ということは各人の人間性に大きな影響を与える。プラスの自己概念を持つ人はその分対人コミュニケーションにも余裕が見られるし、そのようなコミュニケーションを通して作られる人間関係からさらに内面を磨くことができる。逆に自信がない、人を信頼できない人はコミュニケーションにもそれが表れるし、その結果対人関係も望ましい形にはならないという悪循環に陥ってしまう。しかしながら、このことをあまりにも神経質に考えてしまうと、人間関係で自分が傷ついてしまうのでは、自分を見失ってしまうのではという不安から、対人恐怖や現代の日本社会に多く見られる「人間関係不全症」といった状態に陥ることもある。対人コミュニケーションと人間の精神衛生との間には密接な関係がある。

人はなぜ人間関係を築くのか

では、ヒトが人間関係を築くことの重要性を人間の欲求という点からもう少しくわしく見てみよう。心理学者のマズローは人間の要求、欲求を生きていく上で最も大切な、たとえば空気、水、食物などを含む生理的欲求を底辺として、その上に安全の欲求や、さらに精神的欲求を積み重ねたピラミッドとして説明した。さらにマズローは人間の欲求は階層をなしていて、私たちは最も

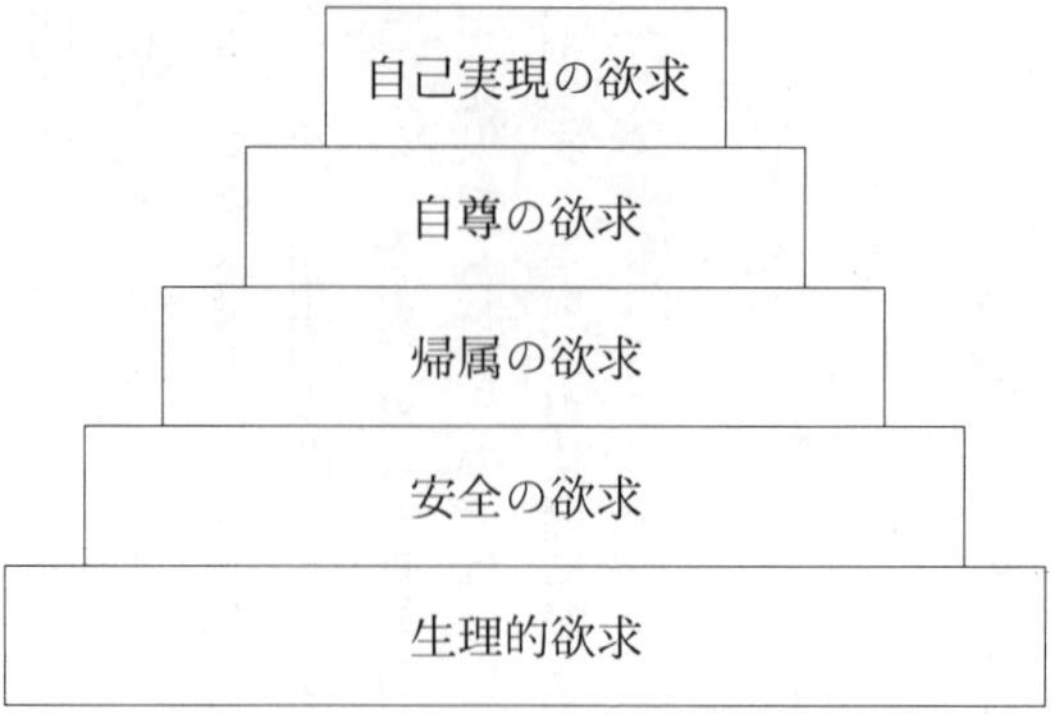

図３－１　マズローの欲求のピラミッド

重要な欲求から順番に満たしていくことも明らかにした。

このうち下から二つ、つまり生理的欲求と、安全の欲求は人間も動物ももっている。空気、水、食物、睡眠、排泄（生理的）などの欲求を満たし、そして暑さ、寒さ、雨、露をしのぐための衣服、空間、家（安全）が与えられなくてはそれ以上のことを考えることはできない。

帰属の欲求から人間のユニークな部分が見られる。ヒトは他のヒトとの交わりによって初めて人間として自覚し、周囲からも社会的動物として認められるようになる。どこかの集団に属し、その集団の中の一員として認められることを望むのが帰属の欲求である。そして、一度集団の一員として認められたら、今度はその集団の中で個人の資質、経験、能力、あるいは容姿、服装にいたるまでユニークな存在としての位置を確立したくなる。リーダーとして、あるいは卓越した何かの能力などによって目立つこと、そしてもちろん周囲の人間からありがたい存在として重宝がられることが自尊の欲求を満たすのに役立つ。最後の自己実現の欲求は、潜在的にもっていると思う能力を最大限伸ばし、人生で最高、最大の成果をあげたいと思う気持ちである。周囲の人たちは認めているものの本人が気付いていない、「もったいない」という場合もあれば、その人だけの思い込みで実際には存在しない「身のほど知らず」といったこともあるだろう。

話を人間関係にもどそう。ヒトが他のヒトとの関わりによって初めて人間として満足な生活ができるということは、マズローの欲求のピラミッド理論からも理解できる。たとえば、昔とは違って食物ひとつとってみても自給自足というわけにはいかない。スーパーマーケットや、魚屋、肉屋、八百屋などの店に行って、あるいはレストランに入っても他の人とのコミュニケーションまったくなしで用を足すのは難しい。他の人との関わりを抜きにしては食物ひとつ手に入れることもできない。

また、帰属の欲求を満たすためには、明らかに人間関係を築き、維持、発展させることが欠かせない。たとえば大学に入学し、初めて一人暮らしをする若者。それまで家に帰れば夕食の支度がしてあって、洗濯物は放り出しておけば母親が洗って、たたんで、おまけにタンスのなかにしまっておいてくれる。朝も起こしてもらえる。お金の心配をすることもあまりない。そんなひとりの若者が突然見知らない土地で一人暮らしを始めるのは、それこそパニックである。さらに高校時代本当に深いところまで信頼し合えるような友人がいなかった、ということになればこれは相当な冒険といっていいだろう。何とかアパートを見つけ、学食、近くのスーパー、コンビニ、適当な食堂など、食べものにありつけるところまで確認できたら、今度は友人関係である。

それまで、自分が傷つくことを避けるあまりに、知らない人に自分の方から近づいていって話しかけるという曲芸じみたことは考えたこともない。入学したばかりのキャンパスを、迷える小羊のようにさまよっているのを待ち受けて、大学内のサークルの勧誘が始まる。メンバーを増やすことに躍起な在学生と、ひとりでもいいからやさしく話しかけてくれる、友達になってくれる人を心のなかで求める新入生との出会いは、このような追い風の中で始まる。

これがサークルの勧誘ならばさして問題はないのだが、宗教団体の勧誘、リクルートとなると少々厄介なことになる。「人間関係に悩み」、「自信を失い」、「将来に不安を感じている」若者を見分け、うまく話をすることについては、こちらも教えてもらいたいくらいのコミュニケーション能力をもったリクルーターたちが近づいてくるのである。満足する人間関係をもち、集団の中で安定した位置を占めたいという気持ちはどんな人でももっている欲求である。こう考えると、強い理性と正確な判断力をもっているはずの多くの若者が反社会的、破壊的な宗教集団に入ってしまったり、あるいはキャッチ・セールなどに引っかかって、とんでもない後悔をするはめになることもうなずける。

人間が生きていく上で他との関係が欠かせないものであることは十分理解できる。ピラミッドの頂上である自己実現の欲求も、自分にどのような能力があって、どんな仕事に適していて、そして自分がかかげる将来の目標の実現が可能なのか、ということは他との人間関係を通して初めて明らかになる。自分がもっていると思う潜在的能力は、果たして他と比較して優れているものなのか、それともごく平凡で追求してもあまり意味がないのか、といったことは自己とのコミュニケーションはもちろんのこと、周囲の人間との比較、そして信頼できる相手とのコミュニケーションによって答が出る。

しかし、である。物欲を満たすために勉強、労働に励んだ時代とは異なり、ポストモダンの時代に突入したといわれる現代の日本社会では、人とは違ったものを求める、つまり差異化が個人の行動の動機として作用するともいわれている。このことが希薄な人間関係や、他の人とは交わりたがらない、これまでとは違った意味での個人主義を作り上げている。このような社会的状況とあわせて、今の日本の若者の人間関係が従来の型からどう変化しているのか、ということを調べる必要がある。

人間関係のプロセス

人間関係、あるいは対人関係とひとことで言っても、それは最初からいきなり完成した形で現われたり与えられたりするのではない。ふたりの人間が何かのきっかけで出会い、少しずつお互いのことを知り合い、いろいろなことについての意見を交換し合いながら、関係は親密になったり、逆に疎遠になったりする。どんな人間関係も常に変化し続ける「過程」なのだ。それではその過程にはどのような段階が含まれ、それぞれの段階でどんなコミュニケーションがされるのだろうか。

「人間関係発展」のコミュニケーション

★出会いの段階

どんな関係もまず出会いがなければ始まらない。家が近い、同じ学校や会社に通った、席が近かったなどの物理的な要因と、心理的なものとしては性格や趣味が似ている、将来の目標を共有している、また逆に全然違うために自分が持っていない部分にひきつけられるなど、さまざまな理由で二人の間に引力が発生する。人間どうしをひきつけあう力を「対人魅力」と呼ぶがその構造はたいへん複雑である。体型、容貌、服装などの外観から趣味、興味、境遇の類似、あるいは対照など、時と場合、相手によって対人魅力のメカニズムは千差万別である。

対人魅力にはおおまかに次のような種類がある。

1　地理的・外的条件―家が近い、席が近い、親や親戚どうしの仲がよい
2　興味、能力の接近―お互いの興味・関心、能力が接近している
3　外形的条件―顔、姿、服装がよい、背が高い
4　精神的・人格的条件―性格、人格、道徳などの面で良い
5　同類的結合―お互いに類似、相似する点が多い

6　補完的結合―興味・関心、能力、外形、精神、人格などを相補うために親しくなる
7　補償的結合―劣等感や屈折した心などを互いに慰め合う
8　同階級的結合―経済状態、職業的地位などが同じ

これら以外にもさまざまな、そして他からは理解できないようなことがきっかけとなって出会いを経験する人はいくらでもいる。

しかし、どんな対人魅力が作用したとしても、実際に出会いを実現させるきっかけとなるのは、当人どうしがお互いを認識したことを表すコミュニケーションである。その特徴的なものがあいさつである。「こんにちは」、「はじめまして」、「よろしく」、などわたしたちが日頃あまり深く考えないで使っているあいさつの表現は、出会いの段階のコミュニケーションで重要な役割を果たしている。相手に対するあいさつの第一印象は最初の数十秒から数分で決まり、その後もなかなか変わらない。となると、あいさつのことば、その時の声、顔の表情、視線、姿勢、服装などがその後の人間関係に深い影響を与えると予想される。

★探り合い（スモール・トーク）の段階

出会いの段階を無事通過すると、二人はお互いに少しずつ相手のこと、これからの関係の可能性を探り合う。相手がどんな話に関心や反応を示すのか、自分とのことをどのように感じている

のか、ということをいろいろな話題を通して実験する。いきなり「私が好きですか」と切り出すわけにはいかないので、たわいもない話、つまりスモール・トークを通して相手の反応を観察する。自分たちとは直接関係のない周囲のこと（例：天気）、などさしさわりのない話から相手の出身地、身分、家族、趣味などの個人的な内容へと話を進めていく。スモール・トークは親密な話に移っていくための潤滑油の役目を果たす。

スモール・トークの内容はもちろん相手や、その時の状況に適切に合わせることが重要であることは言うまでもない。常に天気の話ばかりでどんな人とでも対話ができ、その後の人間関係が発展させられるかというと、そんなわけにはいかない。しかし、逆にその場で話題を考えようとしても、対話を始め、それを展開させていくためにはある程度の知性と教養が求められる。それぞれの状況や相手に適切な話題を見つけるためには、そのもととなる「データ・ベース」が必要である。常日頃からさまざまな社会問題に注意を払い、ある程度の一般常識を身につけておくことは、単に就職試験のためだけではなく、人間関係を築き、維持、発展させていく上で欠かせない。

★関係強化の段階

スモール・トークの段階を経て、お互いが相手とのコミュニケーションに満足感を抱くにつれて対人関係はぐっと強いものになる。人間関係が親密になると、その相手としかしない話、またその人との間でしか意味をもたないことば、非言語メッセージが頻繁に見られるようになる。それまで自分対相手、つまり「わたし」と「あなた」という独立した二人の関係であったものが、この段階まで進んでくると「わたしたち」、「おれたち」、「われわれ」という形で二人をひとつの単位として考える人間関係が認識される。また、非言語の面でも親しみをこめて相手の体に触れたり、立ち居振る舞いにどことなく共通点が認められるようになる。さらにちょっとした顔の表情や、口調などから相手が何を考えているかをかなり正確に察知できる、つまり高コンテキスト・コミュニケーションによる相互理解ができるようになる。

これらの特有のコミュニケーション行動は、その二人が特定の関係にあることを示すばかりでなく、二人の間での結束力をさらに強めるはたらきもする。特別なシンボルを使って関係をさらにユニークなものにすることができる。二人の間の一体感、帰属意識、結束力と、コミュニケーションの独自性との間には緊密な関係がある。

最初は赤の他人だった二人の人間が何かのきっかけで出会い、少しずつその距離が縮まり、お互いの深い感情にも触れ、信頼感が強まってくると、それが両者に与える心理的な影響もたいへん大きくなる。ヒトが人間として社会生活を営むためには、周囲の人たちとの接触が必要だ。その接触を通じて一人一人の人間は自分が社会でどのような位置を占め、役割を果たすべきか、さらには周囲の人間からはどのように考えられているのか、といった自己概念を形成し、それを維持、発展させていく。

関係強化の段階では、深い信頼によって支えられた特定の相手との人間関係が、それぞれの個人の自己概念の形成に大いに影響を与えている。どのような人でも自分を肯定してくれる人、一緒にいて自分に自信を持たせてくれる人、プラスの自己概念を作るのを手伝ってくれそうな人、そして何よりも、一緒にいて楽しい人との人間関係を望む。関係強化の段階まで進んだ相手はそのような重要な役割を果たしてくれる。

★統合の段階

人間関係が強まり、それがお互いの自己概念、そして「個」の形成に欠かせない段階まで進むと、それを少しでも長く持続させたい、こわしたくないと願うのが自然だろう。そこで、特別親密な関係の証として、また周囲にもその二人がそのような関係を結んでいることを示すために多くの場合、私たちは何らかの儀式を行う。それが統合の段階である。

最も分かりやすい例が結婚式である。長い時間とお金をかけて、式場を決め、披露宴に工夫を凝らし、衣装を選び、そして招待客の名簿を作って、席を決める。当日、神前、教会、仏式、人前などさまざまな種類はあるものの、結局はたいへん多くのシンボル的儀式によって埋めつくされた式を挙げる。媒酌人の挨拶、スピーチ、祝電、ウェディング・ケーキ、などこれまた数えきれないくらいのシンボル活動でいっぱいの披露宴で一組の夫婦が誕生する。

一見華やかで、ほとんど実益のないシンボル行動に多大の労力、時間、お金をかけて結婚式を行うのはなぜだろうか。統合の段階は二人の人間関係が特別なもので、その間には他の人間が入ることは認められない、ということを周囲にはもちろん、当人同士にも認識させる役割を担っている。最近では夫婦別姓の慣行も一般化してきたものの、やはり女性が男性の姓を名乗るのがまだ大多数だろう。また、区役所や市役所でたった一枚の申請用紙に必要事項を記入するだけのことで済んでしまう、「入籍」という手続きも統合の段階の人間関係のシンボル活動のひとつである。この段階まで到達した人たちは周囲から当然二人の個人としてではなく、ひとまとまりのペアとして認識される。

このようにして、人間関係は最初見ず知らずの他人同士だった二人が、何かのきっかけで出会い、言語、非言語によるさまざまなシンボル交換を通して、またそれらに深い影響を受けながら発展していく。繰り返しになるが、人間関係が最初から与えられ、そこで起こる現象のひとつが対人コミュニケーションなのではなく、人間にしか使うことのできないシンボルを駆使してお互いに、さらに周囲とコミュニケーションを行うからこそ人間関係が生まれ、そして発展していく。対人関係とそこでのコミュニケーションとの間には相互に影響しあう密接な関係がある。

「ペア終了」のコミュニケーション

人間は常に変化し続ける。人間が二人で作る関係も常に変化を続けている。どんなに安定しているように見える人間関係も、お互いが努力して「安定」という状態を作り出しているのであって、人間関係が静止状態に入っているのではない。これまで人間関係がまったくの他人から、ひとつのペアとして認められるようになるまでの発展の段階について考えてきたが、逆にそのペアが再び別個の人間へと帰っていくプロセスについて考えておくこともまた同様に大切なことである。「人間関係崩壊」と言うとあまりにも悲観的になってしまい、その後の自己概念の維持にも悪い影響を与えそうなので、これを「ペア終了のコミュニケーション」と呼び、そこから少しでもプラスのものを得るよう心がけたい。

★食い違いの段階

まったくの他人と最初に出会うとき、出身地、趣味、興味、血液型、星座などの共通点を探し、ひとつ見つけるたびに喜び、相手と共有する部分が広がることに淡い感動を覚える。同時に自分にはない部分、つまり二人の間での違いはある種の新鮮な刺激にもなり、それらが相手との関係を探っていくうえでの原動力ともなる。

しかし、人間は勝手なもので、それぞれの状況での気分や、自分の都合などで同じことでも快く感じたり、不快なものとして毛嫌いしたりもする。このように、相手との相違を不快に思い始めたら、これまで安定、あるいは発展を続けてきた人間関係が逆の方へと方向転換したことの表れなのかもしれない。

二人の親しい大学生の友人同士が一緒に海外旅行をする計画を立てる。それまで授業を一緒に受け、お互いの家に泊まったり、さまざまなことについて語り合い、自分たちも、そして周囲も「ごく親しい友達」として認識している二人である。二人とも初めての外国旅行、しかも親友との旅行ということで期待度も最高潮に達している。

しかし、慣れない土地、ことば、習慣、気候、食物など周囲のほとんどすべてのことがこれまでとは異なる環境に身を置くと、たとえ短期間でもいろいろと予期しないことが起こるものである。大学生という一見大人の仲間入りをした年ごろの若者は、しっかりした自己を確立する途上にある一方、他方ではとかく不安定な面ももっている。慣れない環境で、自分の世話だけで手が一杯の状態のとき、親しいとはいえ他人の面倒まで見るのは至難の業だ。

寝食をともにすることによって、これまでは許容範囲であったはずの自分と相手との違いが急にうっとうしく感じられるようになる。一日の行動パターン、食生活の違いなど表面的な部分から、価値観、人生観、世界観といった内面的な奥深い部分での相違が目立つようになると、二人の人間関係はこれまでとは違った曲面を迎える。しかし、このレベルではまだお互いがこれまで築き上げてきた人間関係を簡単に壊してしまって良いと考えているわけではないので、両者は食い違いの部分を表面化させての接触は最小限にとどめ、友情関係のひびが本格化することを何とか食い止めようと努力する。

★沈滞の段階

友人、恋人、あるいはビジネスのパートナーなどとして付き合ってきた時間が長いほど、そして二人の間の信頼が深いほど、ちょっとした意見、行動パターンなどでの食い違いが人間関係に深刻な影響を与える可能性は低い。先の一緒に海外旅行をする大学生の二人も、違った環境に慣れるにつれて表面的な食い違いを乗り越えて、さらに友情関係が深まることさえあるだろう。また、新たな共通点を発見することによって表面的な食い違いが取るに足らないものであるという考えに至ることもある。

しかし、それぞれの人間関係がどのように発展したり、衰退するかを予測することはきわめて困難である。決まったレールの上を走っているわけではないし、また障害に遭遇した際、いくつかの処理の方法のなかから好きな型を選んで乗り越えていくというわけにもいかない。したがって二人の間の食い違いが、どのような場合に表面的なレベルでとどまり、またどんなときに内面的なところまで侵食していくかということを計算したり、予測することはできない。食い違いが、人間関係終決に一歩近付いた場合のことをあらかじめ考えておくことにはそれなりの意味がある。

先の二人の大学生は、どうしてもお互いが譲ることのできない相違点に遭遇したら、それらの相違点をなくしたり、あるいは少しでも減少させようとするかも知れないが、冷静にそれをするのはなかなか難しい。相手にいやな思いをさせたり、そして何よりも自分が傷つくのを避けることが最も重要なことなので、相手とは食い違った部分ではもちろんのこと、人間関係が前にも後にも動かない状態に陥ることが予想される。

愛し合って結婚し、甘いハネムーンの時期が過ぎ、普通の生活を始めた頃、このような沈滞、倦怠期を経験するカップルも多い。中にはハネムーンの途中でどうにもならなくなって遂に別れてしまう、「現地解散」型の結末を迎える新婚カップルもいるらしいが、それは極端な例で、多くは何とか元の楽しい関係に戻る。そこで、しばらくの冷却期間を置きたいという心情の表れがこの沈滞の段階の特徴である。何とか共通点を見つけ、人間関係を元の軌道に戻そうとする、一種の探り合いのコミュニケーションが見られる。しかし、関係発展の際の探り合いとは異なり、壊れやすいガラス細工に触るように、慎重に、おそるおそるコミュニケーションをする。以前対立や気まずい思いをした話題を避けるのに気を使う。

★回避の段階

沈滞の段階までは何とか機会を見つけて、気まずい人間関係を改善したい、という気持ちが当事者の頭の中にある。しかし、どうしても改善の兆しが見られない、そしてその相手と一緒にいる、同じ家に住む、頻繁に会うということに価値を見いだせなくなる。それどころか、これまで二人で共に楽しんできたこと、先の例で言えば一緒に海外を旅行するということが苦痛以外のなにものでもない、と感じられるようになると、やはり、人間関係は次の、そしておそらく回復が困難な状態まで進行してしまう。

相手を物理的に避ける、という段階である。これまでは直接会う、電話、ファクス、手紙などでコミュニケーションをしてきた二人が、接触することを意図的にやめてしまう。もし会合などでばったり出会っても目を合わせないなど、非言語コミュニケーション面でも人間関係が衰退したことが明らかになる。ここまで関係が壊れてしまうと、自分たちだけではなく、周囲の人たちもそのことを認識し、二人をペアとしてではなく、「元ペア」として見るようになる。

★関係終焉の段階

われわれ、私たち、などペアとして自他共に認識していた人間関係が壊れたら、そのことを確認するためのセレモニー的なことをやって一応のけじめをつけたい、というのが人間の自然な気持ちである。結婚していた二人が結局「性格の不一致」などあまり意味がよくわからない理由で別れるとしても、やはりそのことを公式にするためには「離婚」という法的、そして何よりも象徴（シンボル）的手続きをとる必要がある。ワイドショーのネタとして依然人気が高いのが芸能人の離婚記者会見である。ひとの不幸を喜ぶ日本人が増えたのか、どうも結婚の報道よりも離婚のときの会見の方がレポーター達も取材に熱がこもる。

どんな人間関係も永遠に続くのではなく、常に変化を繰り返しながら、中には一生続くものもあれば、一方ではペア解散という結末を迎えるものもある。大切なことは、関係が壊れてしまったことが、自分や相手のその後の人生にあまり大きなマイナスの効果を及ばさないよう心がけることである。確かに愛し合い、深い信頼によって支えられてきた人間関係が終わり、ペアとして生きてきた人たちが再び二人の人間として別々の人生を歩んでいくことにはたいへんなエネルギーを要し、心に深い傷を残すことも多い。しかし、人間どんな場合でも「ポジティブ志向」を心がけることによって辛い、死んでしまいたいような悲しい経験からも何かを得、そこで得たものをその後の人生にとって貴重な教訓として残すことができるはずだ。

たとえばコップに水が半分入っているのを見て、「もう半分しかない」と考えるか、「まだ半分も残っている」と考えるか、ひとつの事実も見方を変えれば随分考え方も変わってくるものだ。サイコセラピストとして多方面でご活躍の近藤裕先生は「離婚」というと悲観的、絶望的なイメージしかないが、それを「終婚」と呼ぶことによって今まで夫婦であった二人は「お互いがいやでいやで仕方なく別れる」というより「今回の結婚は果たすべき機能、役割をすべて果たし、結婚を続ける意味がなくなった」と考えればいい、と言われる。まさにその通り。ペア解散の最後のステップで重要なことは、どのようにしてそれぞれの個人が気持ちの整理をし、その後の人生を歩き始めるための準備をするかということである。この段階のコミュニケーションは相手や周囲との関わりよりも、自己との対話、つまり個人内コミュニケーションが鍵を握る。

自分を相手に開く——自己開示のコミュニケーション

人間関係が生まれ、発展し、あるいは衰退していく過程では常にさまざまな形でコミュニケーションが行われ、コミュニケーションの性質と人間関係との間には密接な関係がある。どのような状況でも何らかの形で行われている、自分の感情、気持ち、あるいは過去の秘密など、意識的に伝えようとしなければ伝わらない内容を相手に表現するプロセスが自己開示である。

どんな出会いでも最初からいきなり自分自身の一番深い部分、たとえば過去の経験、その経験をもとに形成した心情、現在の悩み、あるいは将来の希望などについてあまりよく知らない相手にべらべらしゃべったりはしない。普通初対面の人との最初の会話、たとえば旅行の際、乗り物のなかで隣に座った人と、あるいはパーティなどで出会った人と初めて交わすことばは気持ちの中の深い部分についてではなく、当たりさわりのない、自分とは直接関係のない周囲の状況、または共通の知人などである場合が多い。そして人間関係が出会いの段階から探り合いやその後の段階へと発展していくにしたがって少しずつ互いが自己開示をするようになり、逆に自己開示の内容、頻度は人間関係の親密度を計るひとつの基準となる。

さらに、自分を開くということと、自分を知るということとの間には当然密接な関係がある。自分のことをよく知らなくては、相手に伝えることはできない。また、おもしろいことに、自分でわかっていたつもりでも、人とのコミュニケーションを通して初めて確認できたり、逆に新たな自己概念をもつ、などということもよくある。このことを表わすモデルとしてよく使われるのが、ジョハリの窓である。

「開かれた部分」には、初めて会った人とでも最初に話題にする、出身地、職業、趣味、などが含まれる。もちろん、相手によってはこれらの内容の話題でも簡単には明かさないという場合

図3－2　ジョハリの窓

	自分で知っている	自分では知らない
相手は知っている	開かれた部分	目隠しされた部分
知らない	隠された部分	未知の部分

もあるかもしれないが、この部分は多くの人と共有しても構わないと考えている自己に関する情報である。

次に、自分では知っているが、相手には伝えていない「隠された部分」には、過去の経験、未来の目的、金銭について、また身体、性的な内容が含まれる。相手との人間関係が親密になるにつれて、この部分の内容が、開かれた部分に移動することになる。

「目隠しされた部分」というのは、自分では知らない、あるいは気がついていなくても、相手は知っている内容を指している。ここには、話すときの癖、性格の一部などが含まれる。たとえば、自分ではものしずかで、おとなしい性格だと思っていても、相手はその人のことをたいへん積極的で明るい人だと認識する。このように認識されていることを本人が気がつかない場合は、その部分に対して目隠しされているという形になる。
最後の「未知の部分」は、わたしたち人間が神秘的で、なぞに包まれた動物であることを示している。どのように努力しても、自分で自分のことをすべて知ることは不可能だし、まして他人がその部分を解明することもできない。

ジョハリの窓は自己を開くことと、自分自身を知ることが表裏一体であることをうまく説明してくれている。つまり、自分を適度に開いて、相手との共有部分を作ることによって、自己認識を正確なものにすることができる。逆に、自分をほとんど人に開かないという人は、ひょっとすると自分のことをよくわかっていない、つまり、「目隠しされた部分」や、「未知の部分」がたいへん大きいという可能性がある。

人間関係はそれぞれ特色をもっていて、どのような内容の会話を交わすか、ということを一定の尺度を使ってはかることはできないかもしれないが、どのようなトピックを使って自分を相手に開くかという一応の目安を立てることはできる。それは、次のように大別できる。

(1) 天気、周囲の状況などふたりとは直接関係のない〈スモールトーク〉
(2) 政治、宗教から芸能タレントにいたるまでさまざまな問題に関する〈意見〉
(3) 食物、音楽、テレビ番組、書物等の〈趣味嗜好〉
(4) 収入、預金、借金、資産などの〈財政状態〉
(5) 性格、長所、短所、誇りや恥の原因などの〈人格問題〉

〈6〉身体や顔についての自分の気持ち、病気、セックスなどの〈身体に関する問題〉

自己開示の標準的な順番はこのリストのようになる。自己開示の順番がどの程度平均化できるかは、相手や状況によっても異なるが、普通、自分の最も内側の深い部分にあるのが身体、健康、そして性に関する経験、考え方である。したがって、これらのことに関する自己を相手に示すということはその相手とかなり深い人間関係を結んでいることを意味する。

いつ会っても「今日は暑いですね」、とか「この道はいつも混んでますね」といったスモールトークの話題の域を出ないと、親密度の程度は低い。このような話題はどこのだれとでも、つまり相手の特徴を考えなくてもその場限りのものとして選べるからである。

逆に、相手を選ばずに出会ったすべての人にいきなりお金のことや、さらには性的な趣味についての話をするのは日本をはじめほとんどの文化で「非常識」と考えられる。確かに文化的背景によっては自己開示の内容、程度、また頻度に関する尺度は異なる。アメリカ人と比較すると一般的に日本人は自己開示の程度がたいへん低いことがこれまでに報告されている。

「希薄な人間関係」しか結ばず、相手の深い部分に入りこんで相手を傷つけることを恐れる以上に、自分の深い部分に入りこんで自分が傷つけられることを極端に嫌う現代の日本人のコミュニケーションでは、自己開示が一体どの程度行われているのだろうか。どのようなことも「プライバシー」として位置づけてしまって表面的な接触からほとんど進まないという人間関係では、真の相互理解、そして自己概念の確立も難しくなってしまう。

上手に自分を開く

相手との信頼関係を築き、親密度の尺度となる自己開示だが、その内容や適切な方法は文化的な規範によって不文律のうちに定められている。

① 相手の自己開示のペースに気をつける。

自分のことを開いて人間関係を築き、発展させるには当然相手のことを考えなくてはならない。つまり、話題を自分のことばかりに向けて相手の言うことを聞こうとしない、という態度では明るい展望は期待できない。逆に相手の人が気持ち、意見、感情を開いているのに、こちらが一方的に聞き役になって一切自分のことについては語らない、というアンバランスな状態も困る。自分と相手の自己開示は程度、頻度において大体の均衡を保つことが人間関係を長続きさせるコツのひとつだろう。一般的に相手の人が自己開示をすると、こちらもそれに「お返し」をする気になる。また、相手が深い部分について自分を開く、ということは人間関係を築きたいと思っているサインだと考えるべきだ。相手から送られてくるメッセージ、それに微妙な非言語メッセージ、つまり顔の表情、声の調子、視線の使い方などに気を配って適度な自己開示をしたいものである。

② 自分のことについて一気に話すのではなく、小出しにする。

どんなに自分のことを相手に知ってもらいたいからといって、息もつかずに自分の生い立ちからこれまでの経験、現在の主義、主張、また将来の計画などについてまくしたてられたのでは聞き手はたまったものではない。相手の人とのこれまでの経緯、その場での話の流れなどを考えて適度に自分の気持ちを表わしていくことが重要である。

初対面、あるいはそれまで特別な関係でもなかった相手から、こちらがまるで心理カウンセラーにでもなったかのような錯覚をさせるほど自分の気持ちの深い部分をさらけだす人がいる。「この人は私をそこまで信頼してくれているのか」という気にさせてくれることもたまにあるかもしれない。でも、「どうしてよく知りもしないこの人からこんな話を聞かされなくてはいけないんだろう」という重荷を背負ったような気持ちにさせられることの方が多い。対人関係での自己開示も「過ぎたるは及ばざるがごとし」ということを忘れずに。

③ 話の順番を考える。

何事にも順序があるように、自分の内側の情報を相手に開く際にも一定の段階を追って行うべきだろう。いきなり「今私には借金がたくさんあって家計が苦しい」と言った後で今度は、「今日はいい天気ですね」などのスモールトークを交わすのは不自然で、聞いているほうにとっては

自己モニターチェック３－１

次のそれぞれの内容をそれぞれの相手にどの程度話すか，事実に沿って忠実に判定してみてください。判定の方法は

2＝十分に詳しく打ち明けて話す

1＝話すことは話すが，それほど深く話さない

0＝そのことについては何も話さない，嘘をつく

		父親	母親	兄弟	友人	夫(妻)	隣人
	A　趣味，嗜好						
1	好きな食べ物，飲み物	(　)	(　)	(　)	(　)	(　)	(　)
2	好きな映画，音楽，美術，文学など	(　)	(　)	(　)	(　)	(　)	(　)
3	好きなスポーツ	(　)	(　)	(　)	(　)	(　)	(　)
4	趣味，教養	(　)	(　)	(　)	(　)	(　)	(　)
5	夢や空想	(　)	(　)	(　)	(　)	(　)	(　)
	B　意見，価値観						
1	現在の政治，政党などへの意見	(　)	(　)	(　)	(　)	(　)	(　)
2	周囲の人たちの行動や考え方に関する意見	(　)	(　)	(　)	(　)	(　)	(　)
3	親子関係のあり方に関する意見	(　)	(　)	(　)	(　)	(　)	(　)
4	理想とする社会	(　)	(　)	(　)	(　)	(　)	(　)
5	理想とする人物	(　)	(　)	(　)	(　)	(　)	(　)
	C　仕事，能力	(　)	(　)	(　)	(　)	(　)	(　)
1	職業上の問題，失敗	(　)	(　)	(　)	(　)	(　)	(　)
2	これまでに受けた賞罰	(　)	(　)	(　)	(　)	(　)	(　)
3	得意な能力	(　)	(　)	(　)	(　)	(　)	(　)

4	自分で劣っていると思う部分	( )	( )	( )	( )	( )	( )
5	将来の野心	( )	( )	( )	( )	( )	( )
	D　友人関係, 性格						
1	親しい友人の氏名	( )	( )	( )	( )	( )	( )
2	友人たちの性格，趣味，家族	( )	( )	( )	( )	( )	( )
3	友人たちとのつきあい	( )	( )	( )	( )	( )	( )
4	性格の魅力，不満	( )	( )	( )	( )	( )	( )
5	現在の不安，悩み	( )	( )	( )	( )	( )	( )
	E　金銭関係						
1	1ヶ月の生活費	( )	( )	( )	( )	( )	( )
2	物価に関する意見	( )	( )	( )	( )	( )	( )
3	貯蓄，借金	( )	( )	( )	( )	( )	( )
4	趣味，旅行などにかけるお金	( )	( )	( )	( )	( )	( )
5	不動産の金銭的価値	( )	( )	( )	( )	( )	( )
	F　身体，性						
1	自分の顔，容姿をどう思っているか	( )	( )	( )	( )	( )	( )
2	健康状態	( )	( )	( )	( )	( )	( )
3	体力，運動能力	( )	( )	( )	( )	( )	( )
4	性行動，性欲	( )	( )	( )	( )	( )	( )
5	社会一般の性的傾向	( )	( )	( )	( )	( )	( )

次にA～Fのそれぞれの項目ごと，また相手ごとの合計を出し，内容，相手によって自分のジョハリの窓の状態がどのようになっているか調べてみてください。

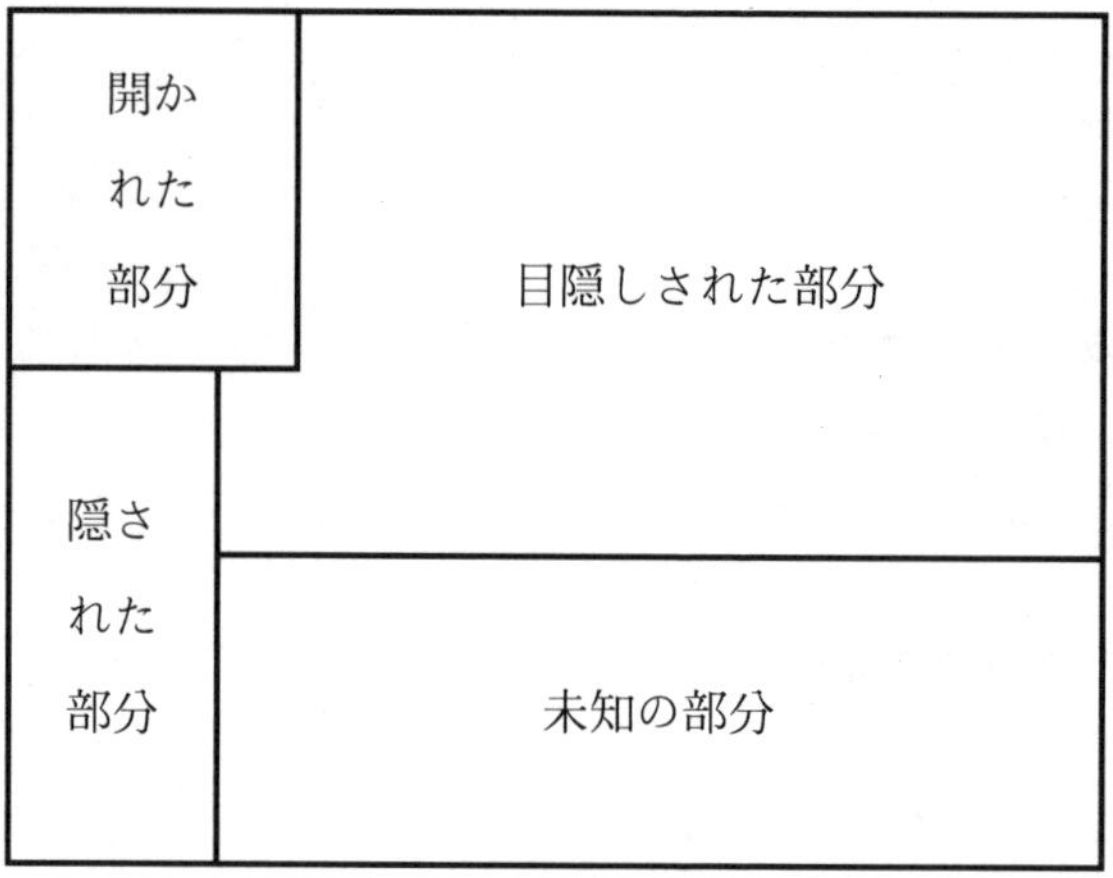

ジョハリの窓
開かれた部分が小さい場合

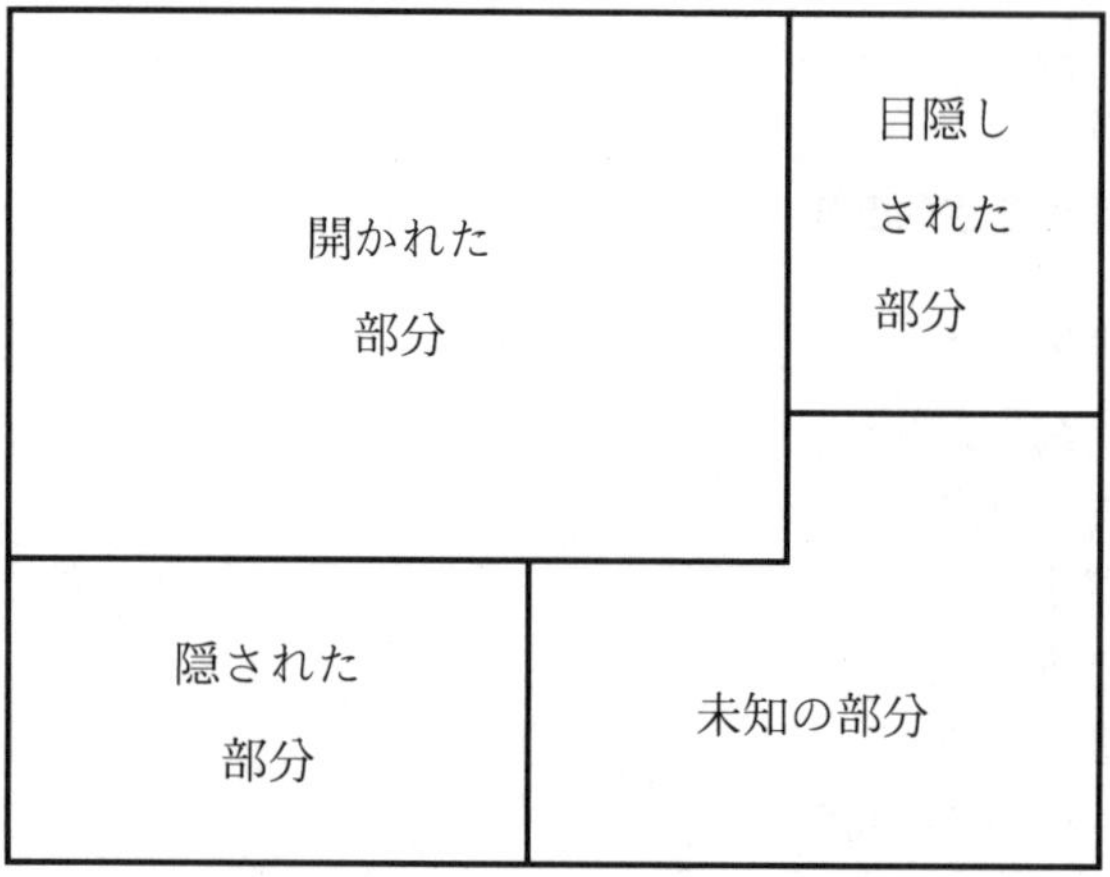

ジョハリの窓
開かれた部分が大きい場合

理解しがたい。こんな支離滅裂な人に魅力を感じる人はいない。

相手に好印象をもってもらうには、最初はいくらか表面的で、そしてできれば自分のプラスの部分から開き始める。ある程度の信頼が確認できて初めて自分の中のより深い、そしてマイナス部分、つまりあまり多くの人に知ってもらいたくはない部分についての開示を行う。たとえば、「私は健康のために毎朝三十分ほど散歩をしている」という情報の方が「私はこれまでに何度か事業に失敗している」、「私は精神的に不安定になることがよくある」ということよりも先に取り上げられるべきトピックである。

④　周囲の状況に気を配る。

私たちは着る洋服を選ぶときにはTPOを考える。TPOとは和製英語で、Time（時間）のT、Place（場所）のP、それにOccasion（状況、場合）のOを指している。状況にあった洋服を選ぶのと同様に、自分のことについての話をする際、コミュニケーションの状況の特色をよく考えて、「この状況で自分のこの部分について相手に話をすることが適切なのか」を判断する必要がある。よく「今の話とは関係ないかもしれないんだけど、実は私は…」といっても本当にそれまでの話の流れと全然関係のない話を始める人がいる。いくら断ったからといって相手や、周囲の状況にお構いなしに自分のことを切り出すのはわがままである。

自分のことを相手に知ってもらうためのコミュニケーションは特別な行為なのではなく対人関

スモール
トーク?
不倫
借金
事故
さとる.

係の流れの中で自然に行われるべきものである。自分のことを表現することによってそれまでの人間関係がぎくしゃくする、というのでは何にもならない。時、場所、状況に敏感な対応と、適切な分析をして自分のことを相手に知ってもらうためのコミュニケーションをする能力は、社会で生きていくための基本である。

それなのに、日本では子どもが大人の会話に割り込んだり、相手の話の腰を折るといった行為に対して厳しい態度がとれない人が多い。大人どうしが話をしているとき、子どもが「お母さん、お母さん」といって全然関係のない話を持ち込もうとすると、「今お母さんはお話してるでしょ。だから後にしなさい」と言う代わりに、「うるさいわねぇ、何なの」と言って結局子供に発言させてしまう。会話の中で適切なときに発言する判断力は子供の頃からしっかりと植え付ける必要がある。

⑤　最も深い部分は特別な人のためにとっておく。

自分の気持ちを開く、というコミュニケーション行為は当然人間関係の発展と密接な関わりをもっている。関係が深まってくるほど自己開示の程度も頻度も増し、自分の深い部分を相手と共有すればするほどその人との関係は特別なものへと発展していく。つまり、自己開示は相手との関係の親密度を計るバロメーターとしての役割を果たすし、同時に人間関係そのものを深くする手段としての役割も果たす。ということになれば、どんな相手とも同じように自分の気持ちや意見、過去の体験などを分かち合うということはありえない。自己開示をコントロールすることによって大事な相手との人間関係をある程度コントロールすることも可能だということになる。

自分が好きな相手に対しての方がそうではない相手に対してよりも自己を開くことが多い。また、自分と類似性が高い、たとえば年令、社会的地位、性格が似ていると思われる相手に対しての方がより深い、また頻繁な自己開示を行う。

最も親密な部分を共有することによって人間関係は強固になる。しかし、自己開示のコミュニケーションによって感情、意見、過去の秘密などを相手に伝えるということは、その人に弱みを握られるということも意味している。自己開示には常にリスクがともなうのである。したがって自分の最も深い部分にある気持ちや何らかの秘密は特別な相手、つまり最大限の信頼をしていて、相手も信頼してくれている、さらにこの人とであれば将来特別な関係になっても構わない、というような人とのコミュニケーションのためにとっておくのが自己開示のルールである。

⑥　できるかぎり正確な自己開示に努める。

自分の気持ちをことばや顔の表情などに出して表現するためには、それだけ自分のことを正確に理解しておくことが求められる。逆に自己を表現することによって自分が日頃から自分自身に対して抱いているイメージをチェックすることもできる。ということはもし外に出す自分と、内側に秘めた自分との間に深い溝があるとすると他人が自分に対してもつイメージは必然的に歪められたものとなってしまう。できるかぎり正確な自己開示をするということは他人が持つ自分への印象を正しいものにするばかりではなく、自分が自分に対してもつ考え方、つまり自己概念を正確にすることにつながる。

これまでみてきたように、人間関係を形成するコミュニケーションには多くの型、機能、目的などが考えられるが、その中で特に重要な役割を果たす自己開示、つまり自分の感情、意見などを相手に知らせるためのコミュニケーションについて正確な知識をもっておくことは意味がある。自分自身のコミュニケーションを正確に、そして客観的に観察することは困難ではあるが、ときには自分をモニターする努力をすることによって相手との人間関係を少しでも自分の理想に近づけることができる。さらにそのことによって自分自身に関する知識つまり、自己概念を正確にすることにも役立つはずである。

4

自分を知るコミュニケーション——人との出会いは新しい自分との出会い

人と人との間に生き、さまざまな相手と出会い、それぞれユニークな関係を発展させ、ときにはその相手が無二の親友、あるいは一生の伴侶となったり、また、はかなくも関係が終わってしまったりといった経験を繰り返しながら私たちは社会的動物、人間としての生活を営んでいる。人は他の人間とのつきあいを通して初めて自分自身の性格、長所、短所を知り、自分という人間を理解する。では、自分自身の特徴を知るというプロセスはどんな仕組みになっていて、それが人間のコミュニケーションとどのような関連をもっているのか。そして自分を知るということが他の人との人間関係を築く上でどのような役割を果たすのだろうか。

「認識」のプロセス

私たちは毎日無数の刺激とつきあいながら生きている。朝目を覚まし、「今日は寒そうだな」と肌で感じ、コーヒーの香りを楽しみ、朝食を味わい、新聞を読み、ラジオから流れてくる音楽を聞く。「見る」、「聞く」、「触る」、「匂う」、「味わう」の五感を使って周囲の刺激を処理するのが認識のプロセスである。コミュニケーションとは関係が薄いように思われる「認識」も、人間が頭の中で行うシンボル行動である。

情報、刺激を取り入れて、処理するプロセスは個人内コミュニケーションと呼ばれる。もちろん犬などの動物の方が人間よりすぐれた嗅覚をもっているのだが、人間と動物の違いは周囲の刺激、情報を処理し、それらを整理して、「意味」を付加するところにある。こうして取り入れる刺激の中には、ありとあらゆる物、音、匂い、などの具体的なものから出来事、自分自身を含む人、考え方など抽象的なものまでが含まれている。刺激を感じ取り、それらに意味を与えるプロセスが認識で、その刺激の対象が自分自身である場合が自己認識である。私たちがどのような段階を経て認識をするのか、その過程の特徴、問題点を知ることは日頃の認識を正確にすることにつながる。

☆感じる

パーティーに大勢の人が集まっているとする。認識の最初のステップは、五感を通して刺激を感じることである。そこに集まっている多くの人を見る、話や音楽を聞く、意図的あるいは無意識のうちに人のからだの一部や、テーブル、椅子、食器に触れ、さまざまな匂いを嗅ぎ、食物、飲み物を味わう。大勢の人が集まっている場では周囲は刺激だらけである。刺激を感じる、という能力は人間だけではなく、他の動物ももっている。聴覚、嗅覚、触覚については他の動物の方が人間よりもすぐれている場合が多い。しかし人間だけが「感じる」ということを自覚し、自らの感受性を高める努力をすることができる。

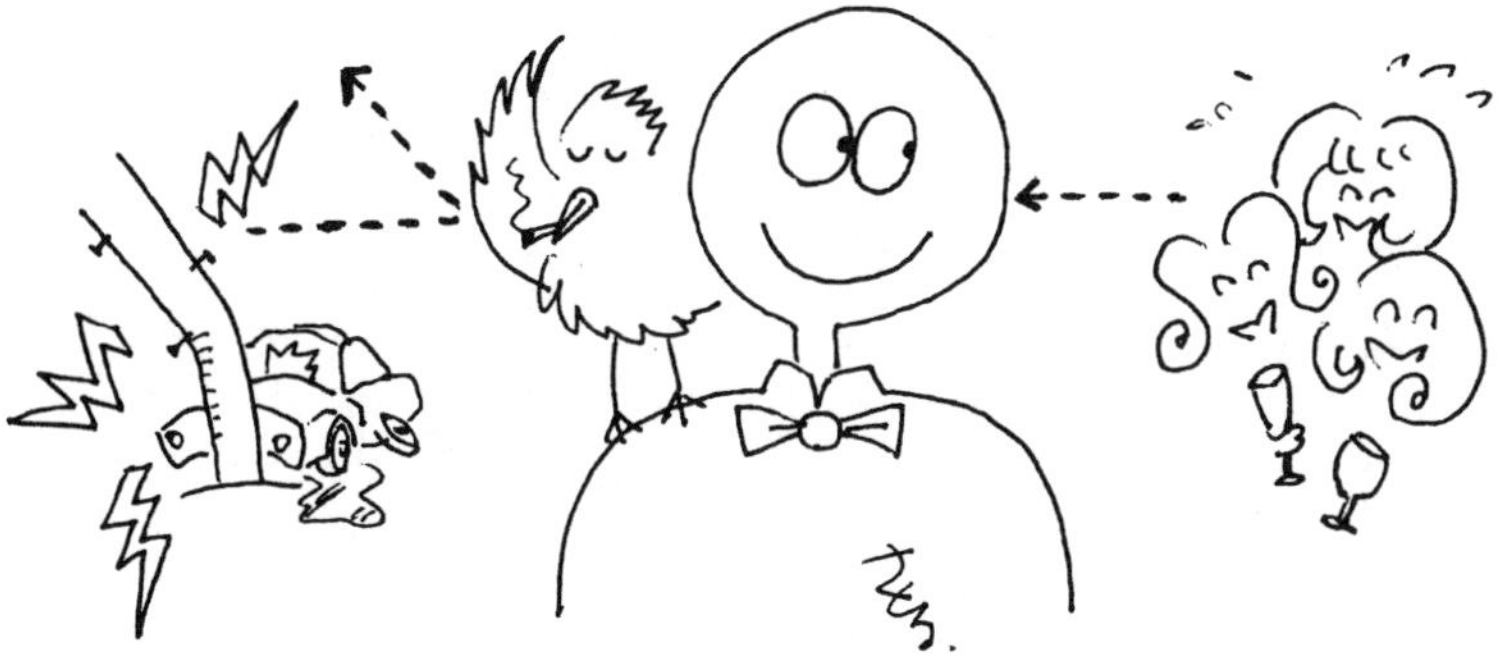

97　4　自分を知るコミュニケーション：人との出会いは新しい自分との出会い

☆選ぶ

そのパーティーで、ある男の人がひとりの女性と出会う。多くの人が集まり、さまざまな会話が交わされ、多くの雑音が耳に入ってくる。そんな中で二人の男女が最初のことばを交わす、ということはその二人が無数の刺激の中からお互いを選んだ結果である。

どんなに器用な人でも自分のまわりにある刺激すべてを感じ取り、受け入れることはできない。認識の二番目のステップは選ぶことである。その男性は相手の女性の顔や体、服装を見て、まわりの雑音を遮断し、女性の声に神経を集中させる。人間は同時にふたつ以上の違った音が耳に入ってきても、意識してどちらか一方だけを聞き他方をできるだけ聞かないようにすることができる。二人はお互いの目や顔を見たり、声を聞き、また香水やコロンの匂いを嗅ぐ。ときには握手したり、会話の途中でほぼ無意識のうちに相手のからだの一部に触れることがあるかもしれない。このようにして関心のある刺激を他と区別して、それに絞る個人内コミュニケーションに入っていく。

☆理解する

まわりの刺激を感じ取り、興味があるものに焦点を絞ったら、次はそれに意味を与える。人間の頭の中には、過去の経験、それまで育ってきた環境の中で作られた価値観、宗教観などによって大きく影響を受ける「認識の枠」がある。新しく感じ取った刺激をその枠のなかに取り入れて、それがどのような意味をもっているのかを決めるのが、この段階での作業である。

例の男女は、相手の容姿、服装、声、話の内容などの情報からお互いがどんな人なのか考える。日本人どうしの出会いの会話の中で交換される最初の情報は、出身地、仕事、趣味などについてだが、もう少し話が進んでくると干支、星座、血液型など、個人的な情報が交換される。単に相手の血液型を知るのではなく、それから相手の性格、行動様式などを推測しようとする。「A型の人は○○」、「B型だったら□□」という枠組みが設定されていて、その型に相手の性格をはめ込もうというわけである。人間は、そのままでは意味をもたない周囲の刺激、情報に自分たちの過去の経験などにもとづいて勝手に意味をもたせている。

☆判断する

理解の段階では本来意味をもたない刺激に意味をもたせ、それらを新しい情報として頭にインプットするところまで完了した。そのあと人間はそれらの情報を単なる客観データとして保存するのではなく、何らかの価値判断、そして感情的な意味付けを行う。相手の人の名前、仕事、年令、趣味、考え方を事実として理解したら、今度はそれらの情報が自分にとってどのような意味をもつのか、ということを判断し個人情報として位置付ける。パーティーで出会った人と一応の情報交換を行い、その相手と自分がこれから特定の、また親密な関係を発展させていくだけの可能性、そしてそのことに対して自分がどの程度の意欲をもっているのか、といったことを判断するのが認識の過程の最終段階である。

理解の段階でインプットした情報にはそれなりの意味はあるのだが、「だからどうなんだ」という個人にとって行動を促すだけの方向性、またその人がその情報に対してもつ信念の度合いが明らかになるのは判断の段階である。パーティーで初めて出会った女性が自分と年齢がほぼ同じ、趣味や考え方にも共通点が見られ、何といっても自分と話をしている彼女が楽しい様子を見せてくれる。これらのことは認識の過程で刺激を「感じる」――「選ぶ」――「理解する」の段階まで明らかになった情報である。だからこの情報にどのように反応し、具体的にどのような行動に出るのかという大事なことを決定するのが最後の「判断」の段階である。「あまり深入りして、あとで自分が傷つくのが恐い」という若者が多い現代の日本では、周囲の刺激を何とか吸収し、理解してもいろいろなことを考えすぎて、それに対してなかなか積極的な行動に出ることができずに悩んでいる人が多い。

意外とあてにならない私たちの認識

認識は自己との対話、つまり個人内コミュニケーションのプロセスである。しかし、現実にはすべての状況で刺激を感じ取り、それを整理した上で個人的な意味を与えるという、それぞれの段階にまったく等しい時間をかけているわけではない。

また、これらの段階も恣意的に区切ったものであって、境界が明確ではない場合が多いし、それに意識しなければ認識の段階をひとつずつ分けて考えることなどできない。私たち人間は普通一瞬のうちに、そしてほぼ無意識のうちに周囲の刺激を感じ取り、選び、理解しそれを的確に判断して適当な反応を示している。

でも、ときにはそのプロセスの仕組みを考えてみることによって、自分の認識の様子を客観的にチェックし、またもし誤った認識をする傾向にあったり、あるいは思い違いによる人間関係への悪影響などがあるとすれば、それをモニターするよい機会となるはずである。実際、人間の認識とはかなりいい加減なもので、酒を飲んで酔っ払ったり、催眠術にかけられたりしなくても、多くの場合意外と正確さに欠ける認識をしている。そこで、自分の認識の正確さ、鋭さをチェックしてみよう。

ものごとを認識するということは、刺激を感じ取り、興味があるものを選択し、理解、判断するプロセスである。あらためて聞くと、「なーんだ、当たり前じゃないか」と言いたくなるが、このプロセスにも人間のコミュニケーション特有のシンボルが介在するかぎり、人間特有の誤りが考えられる。同じ人でもその時の気分、周囲の状況、相手との人間関係などの要因によって同じものが違って見えたり、相手のものの見方がどうしても理解できないことがある。単純ないくつかのテストを使って実験してみよう。

まず、最初に次の図のなかに「正方形」がいくつ含まれているだろう。ひとりでこれを見て数

図4－1　正方形

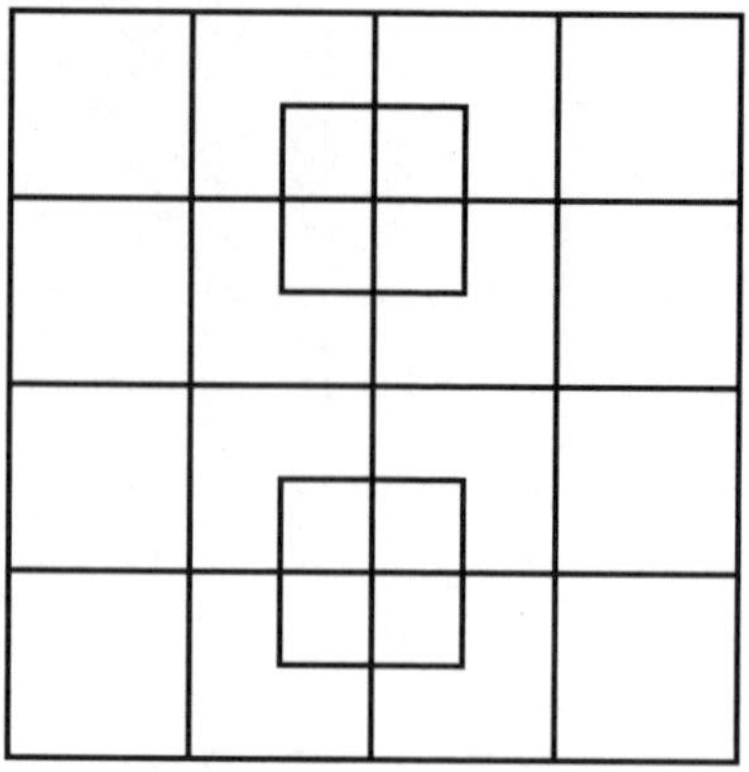

えたときに出る答と何人かで一緒に見て出す答が同じではないという不思議な現象が起こることが多い。正しい答はひとつしかないわけで、人によって解釈が異なるのはおかしい。

では正しい答はいくつで、どのような方法で出されるのだろうか。正解は四十。認識のプロセスの理解と判断のステップに注意して考えてみると、規則正しい法則に従って正方形を数え、さらにどの正方形を数に入れたのかを明確にすることが求められている。私たちは無数の刺激の中からあるものだけを選択し、それらに意味を付加するわけだが、その際無意識のうちに認識が容易になるような枠組みの助けを借りている。この場合、正方形のそれぞれの大きさが枠組みの働きをする。

大きいほうから順番に数えると、縦四個、横四個、つまり十六個の正方形から成っている最大の正方形が一個。次に縦三個、横三個、計九個からなる正方形が先ほどの最大の正方形の四隅にひと

図4－2　9つの点

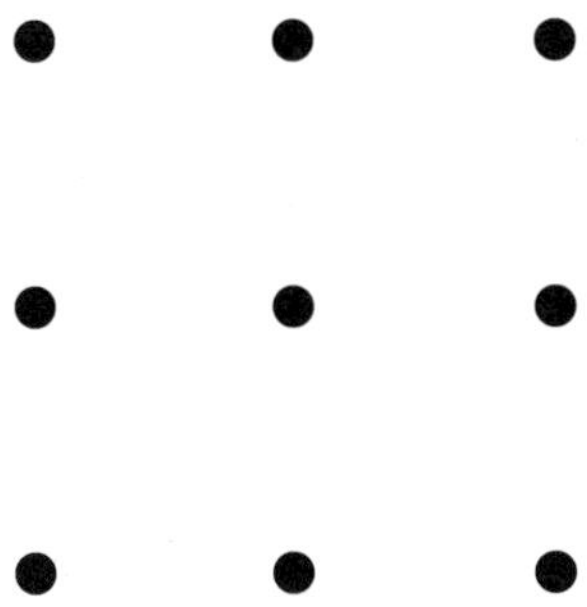

つずつ、合計四個ある。この調子で正方形の数を足していくと全部で四十個になるはずである。この段階で「えー、どうして？」と言っているようでは正確な自己認識や他者の認識には相当の困難が予想される。逆に「こんなもの簡単さ」と油断していると、次の問題では意外とてこずるかもしれない。

では、図4－2を見てみよう。ここでの問題は、与えられた九つの点を四本の線ですべて結ぶこと。ただし、同じ点を二度通ってはいけないし、また四本の線が全部つながっていなくてはならない、つまり一筆書きである。認識の正確度チェックに挑戦してみよう。

答は4章の最後のページに示しているとおりである。先の正方形を数えるには法則を理解して、図のすみずみまで正確に観察することが求められていた。それに対して今回は、枠にとらわれることなく、心を楽にして、柔軟性に富んだ認識をすることが必要である。従来からの枠にとらわれすぎて新しいものと出会ったときに、それが自分の理解の範囲をこえたり、あるいは好みにあっていない場合、即拒否、拒絶するというういわゆる石頭、わからずやであると、なかなかこのような問題を違った角度から見ることは難しいかもしれない。

このように私たちは頭のなかでシンボル化された認識の枠組みを使いながら周囲の刺激を処理している。本来何の意味もない刺激に個人、あるいは社会で特有の意味付けをするという人間ならではの能力が与えられている一方、他方では過去の経験、個人の性格、個性などによってその枠組みがたいへん不安定となったり、時にはとても不正確になる場合もある。錯覚の種類をいくつか考えておこう。

☆勝手な創造

人間は勝手で、あるはずのないものが見えたり、聞こえたりする。いや、見えたような気になったり、聞こえたことにする、と言った方が正確だろう。次のいくつかの形を見てみよう。もし、これらの形を見て、それから今度はそれらを見てない人に説明するとすれば、どうするだろうか。おそらく上から順に「円」、「四角形」、「三角形」という呼び名を使って人に伝えようとするのではないだろうか。人に伝える前に、私たちはそれらの名前を使って、目で見たものを私たち自身に伝えようとする。しかし、よく見るとそれぞれの形は円、四角形、三角形とは呼べないもので

図4－3　「円」、「四角形」、「三角形」

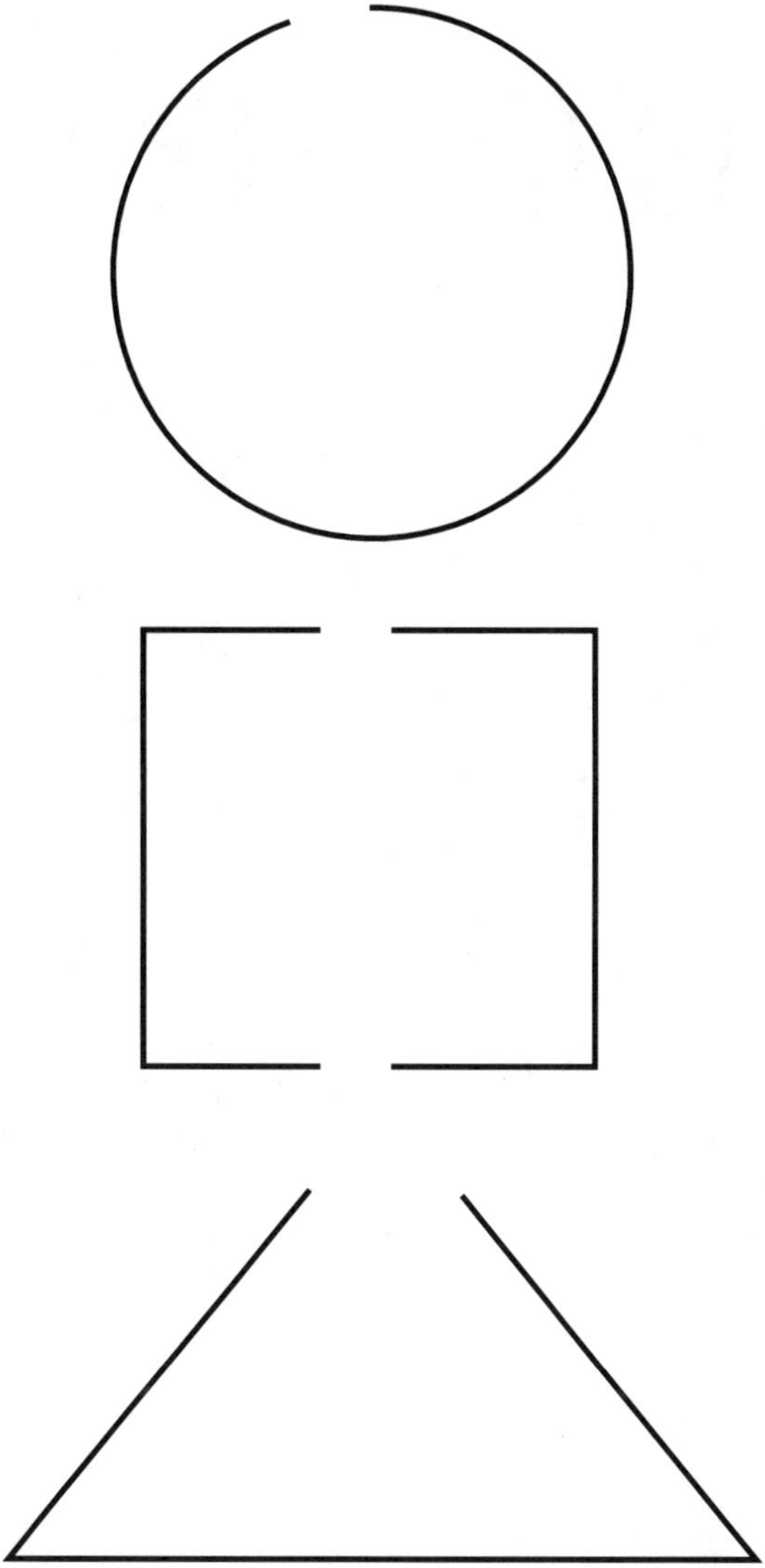

図4－4　12・13・14、A・B・C

あることがわかる。

今までにみたことのない物、形、また、会ったことのないような人に出くわしたとき、私たちはそれらの特徴、第一印象などをもとに、何とかして名前をつけたり、覚えやすいような意味を関連づけたりしようとする。その際、これまでの経験や、育ってきた環境、職業、年齢などが複合して認識の枠を作り上げる。

図4－4は周囲の状況によって同じものも違った形に見えたり、違った意味をもちうることを示している。本来数字の「13」と英語の大文字の「B」とでは少し似てはいるものの混同することなどあまりないはずである。ところがどうだろう。その周囲に何があるか、ということによってはまったく同じものがたいへん違った解釈をされるのである。

これは人間の解釈をする際にも私たちが行っている勝手な想像、あるいは「創造」なのである。たとえば有名な大学を優秀な成績で卒業し、有名企業でばりばり活躍するひとりの人間。昼間はつぎつぎと仕事をこなしていく優秀な社員で将来も有望視されている。ところが同じ人が夜や休日になると、昼間のストレスの解消のためか酒を飲み歩き、ギャンブルに狂ったり、挙げ句の果ては昼間の行動からは想像もつかないような犯罪を犯したり、といった事件がときどき週刊誌やワイドショーで報道される。もちろんこれらの報道はかなり脚色されたものではあるが、同じひとりの人間をどのような背景、環境において観察するか、ということによってはまったく違った人間像ができあがってしまうものである。とんでもない事件を起こした人の会社の上司、あるいはその人が卒業した学校の先生の、まるで示し合わせたかのような「普段はまじめでおとなしくて、とてもそんなことをする人間とは思えない」という談話が報道される。これも認識する側の人間の勝手な想像、創造、つまりないものを自分の頭のなかで勝手に作り上げているという、認識のプロセスの錯覚である。

☆思い込み、偏見

人間が周囲の刺激を処理する際に使う枠組みは決して無色透明ではない。「色眼鏡で人を見てはいけない」とよく言われるが、私たちが関心ある刺激を選んだり、それに意味を与えたりするときに使っているフィルターには多分に色や汚れがついている。たとえば「大学の先生」と聞けば、たくさん本を読み、つねに研究活動をし、大勢の学生を前に難しい話をする、といったイメージを浮かべる人が多い。もっとも、最近ではこのイメージもだんだん変わってきて、「大学の先生といえば、一週間に2、3日授業をやって、しかも毎年同じことをしゃべって、授業がないときにはどうでもいい本を書いたり、テレビに出たりして小遣い稼ぎをしてる人たちでしょう」と思っている人たちも多くなっているかもしれない。

このどちらのイメージが正しいのかを考えることは無意味である。なぜなら、まず第一に私たちはそれぞれ少しずつ色合や色の濃さが違った眼鏡をかけてものごとを見ていて、どの眼鏡が一番現実を正しくとらえているのかということは決められないからである。

そしてもうひとつの理由は、今回の例でいうならば世の中には多くの大学の先生がいてそのひとりひとりが違っているからである。ひとりの大学の先生を見て、その人がこつこつと熱心に研究活動をする人、あるいは授業よりもタレント活動に力を注ぐ人だからといって他のすべての大学の先生がそうだとは言えない。

このようにあるグループに属する一人の人、あるいはひとつの物を見て、そのグループに属するものすべてが同じ性格をもっているだろうと考えることを「ステレオタイプ」と呼ぶ。

私たちは無意識のうちに、しかも何の悪気もなく人やものを色眼鏡を通して見て、自分の頭のなかにもっているステレオタイプに当てはめようとする。これは仕方のないことで、無数の刺激を整理するためには必要でさえある。したがって「ステレオタイプでものを見ることをやめよう」というのは無理、無意味なことだ。しかしながら、「自分は今どんなフィルターを使って情報、刺激を処理しようとしているんだろう」という疑問をもち、認識パターンをモニターすることは大いに意味がある。

ステレオタイプを一歩越え、それに感情、特に否定的な気持ちを付けたものが偏見である。あるグループの人と一度いやな経験をしたり、あるいはいやな経験をしたという話を人から聞いた

4 自分を知るコミュニケーション：人との出会いは新しい自分との出会い

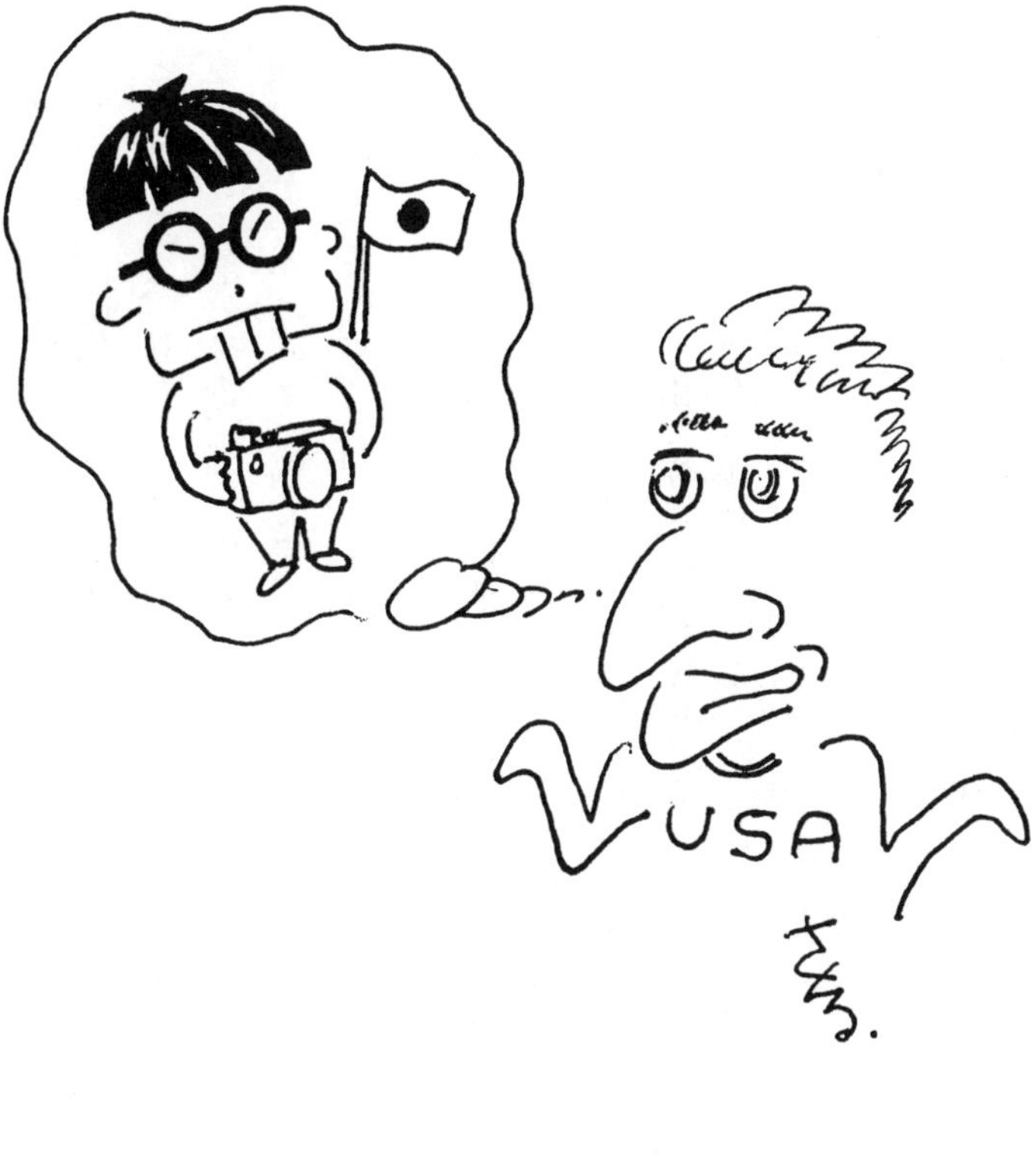

だけでそのグループに属する人、しかも直接会ったことのない人に対して「どうせあいつは○○だから、△△に決まってる。信用できない。」といった色の濃いそして汚れたフィルターでものごとを見ると、認識、さらには人間関係がうまくいかなくなる。

人種、民族、宗教などが異なると、私たち人間はその異なった部分を直視し、自分と客観的に比較するのではなく、違っている部分を否定的に判断することによって自己を正当化したり、現実から逃避する傾向が強い。たしかに悶々と悩んで、「あの人たちと自分とはどこがどう違うんだろう」と考えるより、「どうせあいつらと付き合うことはないんだからそんなことどうでもいい」といって片付けたほうがずっと楽である。

しかし「どうせ」で片付けられたほうはそれでは納得がいかない。日本は単一文化、単一民族と言われることが多い。世界中の人種、民族が集まっているアメリカなどに比べれば確かにそうかもしれないが、日本にも違った意味でマイノリティーがいるのである。祖先の職業、あるいは病気、体の具合などの何ともしがたい理由で差別を受けている人がいるということは、まさにステレオタイプ、偏見によって正しい認識がされていないことの何よりの証拠である。

☆その時の気分、体調

「運動をして、汗をかいたあとのビールは最高」。当たり前のことではあるが認識する側の物理的、心理的条件によっては同じものでも違う味に感じられる。このことはビールに限ったことではなく、認識の対象がものであっても、人であっても、あるいは考え方であれ、すべての場合に共通している。つまりひとつの事実、真実はいつだれにとっても同じであるはずなのだが、それを認識する人間のそのときの気分、体調によってはずいぶん違った意味に解釈される。

みかんとチョコレートを食べるとする。どちらを先に食べるか、によってはあとに食べるものの味はかなり違ってくる。本当はどちらも客観的な味そのものには何の変化もないはずなのに、食べる者の主観的な味は、そのとき口の中に残っている、前食べたものの味によって大きく影響を受ける。

食べ物の話ばかりになったが、このようなことは相手が人間である場合にもよく当てはまる。たとえば子供の頃からの知り合いでひとりの弁護士がいるとする。それほど親しくしているというわけではなく、ものの考え方や趣味などあまり共通点があるとは言えない。それどころか、職業柄か理屈っぽく、常に人のあらを探しているようで、どちらかといえば苦手な相手である。「弁護士とはみんなあんな人なんだろうなあ」というステレオタイプにぴったりの相手である。ところが一度自分に何かの事件が降りかかってきたりすると、それまでうとましいと思っていた例の知り合いの弁護士が急に頼りがいのある人に思えてくる。その弁護士が急に変わったのではなく、こちらの勝手な、本当に身勝手な気持ちの変化によって認識が大きく影響を受けるのである。

このように自分の気分や体調の変化だけによって、何気なく発したことばや、ちょっとした行動によって相手の気持ちを深く傷つけたといういやな経験をしたことがある人も多いだろう。どんな理由にせよ、こちらがどんな気分でそれぞれの人間関係の状況に臨んでいるのか、ということは相手にとっては知ったことではない。常に冷静な気持ちで自分の気分や体調の変化を正確に把握することなど、普通の人間にとっては不可能である。しかし、今飲んでいるビールを「苦い」と感じるのは、ビールのせいではなく、ひょっとしたら自分の体調があまりよくないのかも知れない、と一歩下がって落ち着いた気持ちを持てる余裕があれば、人間関係でのいざこざや、ストレスも少しは解消されるかもしれない。

「自分」とはだれなのか——自己認識

これまでは認識の対象をもの、他者、など周囲のものに限って考えてきたが、人間関係を営み、社会で生きていく上で最も重要な認識の対象である自分自身について考えなくてはならない。私たちは自分がだれで、どのような性格をしていて、どんな相手とうまく付き合っていけるのかという自分像をもっている。これは自己を認識した結果の産物である。わたしたちは常に「自分とは何か」、「自分はどのようにして生きていけばいいのか」という問いかけを自分に対して行い、答を出している。これがうまくいかないと、対人関係に不安を持ち、満足な社会生活を営むことが難しくなってしまう。では、私たちはどのようにして自己を認識し、また自己認識がどのように日頃の生活に影響を与えているのだろうか。

さまざまな角度から見える自分

人間とはたいへん複雑な生きもので、ひとことで自己を認識するといってもそのプロセスも非常に複雑である。認識の対象がじっとしていて動かないものである場合は、それを手にとって、いくつかの角度から観察し、匂いを嗅いだり、また食べ物であれば実際に食べてみれば、大体の特徴がつかめる。しかし相手が人間、しかもよくわかっているようで実際はわからないところだらけの自分自身ということになると、どんなに努力をしてもすべてを正確に理解することはとうていできない。また、人間は相手や状況、さらにその時の気分で、いろいろと違った特徴を呈する。そこで、せめて私たちが自己認識をして、自らがどのような人間であると考えているのか、というつまり自己概念にいたるまでの情報源がどこにあるのか、ということだけでも考えておきたい。

①鏡の中の自分

自分がどんな顔、形をしているのか、という物理的な特徴、人と話をするときにはどんな感じで話しているのか、という雰囲気のようなものはまず自分の姿を鏡に映してみたり、写真や、ビデオ、テープレコーダーの助けを借りて認識する。顔は丸いのか、四角いのか、髪は長いか、短いか、目は大きいのか、それとも細いのか、背の高さ、姿勢など自分自身のからだの特徴は一応知っている。少なくとも知っていると思っている。これらの特徴に関する自己認識は、鏡に映しだされた自分の姿を見ただけで得られるのではなく、自分と他人とを比較して初めて自分が背が高いとか低い、太っている、やせているという位置付けができる。

極端な、非現実的な仮想をすると、もし生まれてこのかた自分の姿を見たことがない、そして自分以外の人間と出会ったことがないという人がいたら、その人はおそらく自分自身の物理的な特徴すら認識できないだろう。現代のように鏡がどこにでもあって、カメラ、ビデオなどの機械も手軽に手に入るような時代であれば、だれもが自分の姿に関して正確な認識ができる。ビデオカメラはおろか、鏡も簡単には手に入らなかったような時代ではこんな自己認識も容易ではなかっただろう。しかし、言うまでもなく私たちは自分がどのような人間なのかという認識は、鏡のなかやビデオにだけ頼るのではなく、他者との接触を通して行う部分の割合が大きい。

②他者との関わり合いの中の自分

背の高さや顔の形などの物理的な特徴は鏡やビデオ、そして他との比較によって認識できるが、性格、人間関係に対する考え方、対人行動など社会的な特徴に関する自己認識は人との付き合い、それに相手からの反応を通して初めてできる。

たとえばある人は自分にはユーモアのセンスがあって、人を笑わせるのが上手で、周りの人もそんな自分をよく思ってくれていると考えている。このような自己認識は、多くの社会経験を通して形成される。この人がある人と初めて出会い、その時になにかおもしろいことを言ってその人を笑わせ、その後二人の人間関係は順調に発展していく。こんな経験を通して、その人はさらに自分が人を笑わせることがうまいことを強く再認識する。このように他者からの反応を通して私たちは自分の特徴についての認識を形成し、それを確認したり、あるいは修正することもある。もし自分がおもしろい人間だと思っていた人が、急にまわりから冷たい視線を浴びたり、人から注意されたとすると、やはりその自己認識をなんらかの形で修正することを迫られるだろう。

また、私たちは自分についての認識を肯定してくれるような人を求めている。自分が気に入っているところをそのままもち続けたり、さらに伸ばしていきたいと考えるのは当然である。自分の好きな部分をそのまま表現して、その上人づきあいがうまくいく、というのであれば言うことはない。私たちは無意識のうちにこんな人間関係を求めている。しかし、時として人間は、将来の大きな目的を達成するためには、今の自分を批判したり、否定したりする人との関係を求めることもある。否定されるのはつらいことだが、将来のゴール達成を考えてみれば今少しくらいいやな思いをすることも耐えられる。これもやはり人間がシンボルを使って個人内コミュニケーションをするからにほかならない。

③役割から見る自分

私たちは男、女、親、子、教師、生徒などさまざまな、そして同時にいくつもの違った役割を与えられて生きている。どんな社会にも、目で見ることはできないが、それぞれの役割と結び付けられる期待の枠のようなものがある。たとえば、「男らしさ」や「女らしさ」といった性によって期待が区別されたり、「子供らしさ」、「大人らしさ」のように年令で期待像が作られたり、さらにはいかにも「職人らしい」、「医者らしい」、あるいは「主婦らしい」考え方などというように職業によって平均的、当然とされているようなステレオタイプが知らず知らずのうちに作られている。

そのような型があるからこそ私たちは期待に沿うような生き方をするのか、あるいは逆に行動、考え方の特色からそれぞれのユニークな型が認識されるのかは、卵が先か、それとも鶏が先かという議論と同じである。いずれにしても、社会が生み出した役割に関する期待の枠が私たちの日頃の行動や考え方に深い影響を与え、一人一人の人間が自己認識を形成する上で重大な役割を果たしていることは間違いない。このことは実際「型破り」という表現もあるように、私たちすべてが常に型にはまった生活を送ろうとしている、という意味ではない。はまるにせよ、破るにせよ、それは型があって初めて可能になるのである。つまり、型、期待像はそれぞれの人間が自分がどんな人間として社会から見られているのか、という自己認識のガイドラインの働きをしている。

自己認識の役割

さまざまな状況で、そしていろいろな方法で私たちは自己を認識しているわけだが、その自己概念はどのような形で私たちの日頃の生活、特に人間関係に影響を与えているのだろうか。

①自己暗示——自らの行動を予言する

「私は小心者なので人前で話をしなければならないときはひどく緊張する」という自己認識をしているひと。自分で「明るい性格」、「人付き合いがいい」、「怠け者」と思っているひと。これらの自己像は、おそらくこれまで何度も繰り返し同じ経験をしてきた結果たどりついた自己認識だろう。実際の経験をした後で自分を振り返ることによって達した結論であるのと同時に、これからどのような経験をするのかを予測したり、さらに将来の自分の行動に大きな影響を与えたりするのも自己認識のはたらきのひとつである。スピーチをしなくてはならないことになって、「あがってしまうかもしれない」、「途中で何を言っていいかわからなくなるかもしれない」、という暗示にかかってしまって本当にその通りになるという経験は多くの人が持っている。そしてその結果「ああ、やっぱり私はあがり症なんだ」という自己概念を再確認してしまうという悪循環にもなりうる。

ひとつの自己概念は自分だけが感じているものではなく、「周りの人も自分を○○だと思っているに違いない」という側面ももっている。だから、「つきあいがいい」という自己概念を持っている人は周囲の人もそのように思っているだろうという気持ちになり、誘われて断ったりすると人の期待を裏切る形になるのでたとえ用事があっても誘いを断れなくなることがある。このように自己概念はその人の行動を予測するばかりではなく、行動そのものを左右するはたらきをもっている。

②コミュニケーション・メッセージを選択する

たとえば「ひとを笑わせるのが好き」とか、「知らない人にでも話しかけるような積極性がある」といった自分に対してもつイメージは、その人の対人コミュニケーション行動に影響を与える。自分で気に入っている部分、つまりプラスの自己認識であれば、普通だれでもそれを維持、発展させたいと思う。マイナス部分はできるだけ改めたい、少なくとも人に見られないようにしたいと思う。そのような気持ちが人と接するときにコミュニケーションのメッセージの内容、それを伝える手段、特に非言語コミュニケーションに表れる。意識的に行うのではなく、私たちは無意識、または半意識的に自己認識に沿ったコミュニケーション・メッセージを選択する。

メッセージの受け手も相手の人がどのように自分を認識しているのかを推察することができる。直接相手に「あなたの性格の特徴は何ですか」と尋ねるより、表面に出てくるコミュニケーションの特徴や、ひとづきあいの際の行動パターンを見て考えたほうがずっと正確な判断ができるだろう。「私の長所は人見知りせずにどんな人とでも付き合えることです」と口では言いながら、もし相手の顔も見ない、表情が暗い、声が小さいということになれば、聞いているほうはどう感じるだろうか。おそらくその人の言うことを信用しないばかりか、「自分のことをよくわかっていない」というかなり否定的な判断をする確率が高くなってしまう。このように自己認識とコミュニケーションとの間には密接な関係が存在する。

③相手からのメッセージをフィルターにかける

ひとはだれでも自分にとって都合のいいことや、自分で気に入っていることに関する情報には積極的に耳を貸し、逆にそうではないことはできるだけ避けようとする。自己認識は外部から入ってくるメッセージをフィルターにかけて、「自分は○○である」、あるいは「○○でありたい」という部分を肯定してくれるメッセージはよく通す代わりに、自己を否定したり、また自己認識に挑んでくるようなメッセージは遮断しようとする。

たとえば町内のソフトボールの試合で、サードを守る男が何度もエラーする。打者としても最初の二打席は凡退、三打席目がファーボール、そして最後の打席で三塁打を打って決勝点をあげる。試合の後の飲み会で、皆で試合のことを振り返りながらああだのこうだのと賑やかにやっている。少しずつ酒も入ってきて場が盛り上がってくる。当然皆も大きな声で話をする。こんな状況では自分の隣や真正面にいる人の話し声しか普通は聞こえないはずである。しかし、決勝三塁打を打った例の男は、遠くの方で話している、「いやーあの一発はすごかったなあ」という声はよく聞こえる。逆に近くで話している「サードはもう少しきちんと守ってくれないとなあ」という声はあまり耳には入らない、いや入れようとしない。私たちは身勝手なもので、自分の都合に会わせて周囲からのメッセージをふるいにかけている。

④頭のなかで競合するメッセージを調整する

私たちは自分のなかに「三つの私」をもっている。まず、本能的、感情的に動き、情緒に支配されやすい、「幼いこども」の部分。次にそのような自分を一歩離れて見てはいるものの、幼い自分の感じ方、行動も無意識のうちに取り入れている「親」の部分。そして最後が物事を事実に基づいて、社会の常識なども取り入れながら客観的に判断する「大人」の部分。これらの「三人の自分」が主張することは必ずしも常に一致していない。それぞれが違った方向に自分を導こうとすることの方が圧倒的に多い。つまりそれぞれの自己はお互いに競合する。自分の行動を決定する際、それら三つの自己のどの声を取り入れるか、最終決定するのが自己認識である。

たとえば、上司から「今晩一杯付き合わないか」と言われたとしよう。この誘いを受けた人の頭の中にはいくつかの競合する反応が発生する。まず、こどもの部分の反応としては「ちぇ、今日は早く帰ってテレビを見ようと思っていたのに」、と考える。「いつもお世話になっていて、これからも何かと力になってくれるかもしれない、上司の人がせっかく誘ってくれたんだったら、断ったりするとあとで損をする。いやだけどついて行こう」というのが親のメッセージ。そして大人の部分は「上司が部下を飲みに誘うということは、それだけその部下を気に入っていて、信頼しているということなんだから、よほどの理由がない限り断ったりするもんじゃない。喜んでついて行くべきだ」といった反応をする。

自己のこれら三つのメッセージが競合するわけだが、そのどれを取るかということに、日頃の自己認識が関わってくる。もし、「私は人に何と言われようが、どう思われようが自分がやりたいようにやる人間だ」という認識をしている人はこどもの反応を選ぶ。「子供の頃から人付き合いはあまり積極的ではないけど、人からはそれほど悪く思われているわけではない」といったような認識をしていれば、「親の声」を聞くことになる。そして「社員一人一人が好き勝手なことを言っていては会社は回らない。時にはあまり気が進まないことでも受け入れなければ周りが迷惑をする。そして自分はそんな人間ではないはずだ」といったことを考えていれば、この場合大人のメッセージに耳を貸すことになる。実際の人間関係の状況ではこんなに単純ではないかもしれないが、自分の頭のなかにはいろいろな声があって、どの声を聞くのかという選択に自己認識が深く関わっていることには間違いない。

ひとを好きになるにはまず自分を好きになる
——自己概念を高めるポジティブ思考

自分をどんな人間だと思うのか、つまり自己概念は鏡に映した自分を見つめてある程度自分の特徴を理解できるものの、周りの人との関わりや社会のなかでも自分の位置付けなどによって影響される部分の方が大きい。鏡のなかの自分の特徴にしても、やはり他との比較、あるいは人から「あなたの目はパッチリとしてて可愛いね」と言われて初めて「そうなのかな」と思う。要するに自分がだれなのか、そしてどんな人間なのかという認識は他との接触、人間関係を通してこそできる。

それでは、自己概念と人間関係とがどう結びついているかというと、これは同じコインの表と裏との関係に似ているのではないだろうか。どのような自分を表に出して人と付き合うのかというのは、毎日好みに応じて変えられる洋服や化粧のように、内側にある自分と切り離して考えられるものではない。人とのコミュニケーションは、内側からまるで沁みだしてくるようなものである。だから自分で自分をどう思っているのかというイメージはそのままコミュニケーションに現われてくる。ということは、自分に対してプラスのイメージをもつ、つまり自分を好きだと思っていなければ相手を好きになったり、まして相手から自分を好きになってもらうことなどできるわけはない。そのようにして相手といい関係になればそんな自分がさらに好きになり、相手もこちらに対して好感をもってくれるだろう。

しかし世の中には自分に対して肯定的な気持ちをもてない人も多い。自分に対して負い目ばかりもっている。そうなると人からのメッセージの中に、言った本人も気がつかない、裏の否定的な部分ばかりが気になり、対人関係がうまくいかなくなる。そのことによってさらに自己評価が低下するという悪循環におちいる。

自分で自分が好きではない人をどうして他の人が好きになるだろうか。「私は40才になってもまだ結婚相手も見つからない。私はなんて魅力のない人間なんだろうか。こんな私でよければだれか結婚してくれないだろうか」というような人がときどきいる。「まだ結婚できない」、「魅力がない」と自分で思っている人を好きになる人がいるわけがない。同じことでも「ほとんどの人がもう過ぎた昔のことだと思っている新婚生活が、私はまだこれからできるんだ」とポジティブに考えることが自己概念を高めることの鍵となる。コップに水が半分入っているのを見て、「もう半分しか残っていない」と考えるのと、「まだ半分も残っている」と考えるのとではどちらが明るい展望が開けてくるかははっきりしている。

今の自分に満足しているかどうかは別として、自分自身を常に肯定的に考えることはその人の人間関係をはじめとする日常生活に大きな影響力をもつ。しかし、また常に自分自身の能力、知識、態度、さらには健康状態にいたるまですべての面での自己実現の努力を怠ってはいけない。発展、改善の可能性があるにもかかわらず「どうせこんなものさ」と妥協するのでは、怠慢、居直り以外の何でもない。いつもひとつ上の目標に目を向け、遠くにあるゴールに向かって走り続ける人は美しい。

図４－５　９つの点の正解

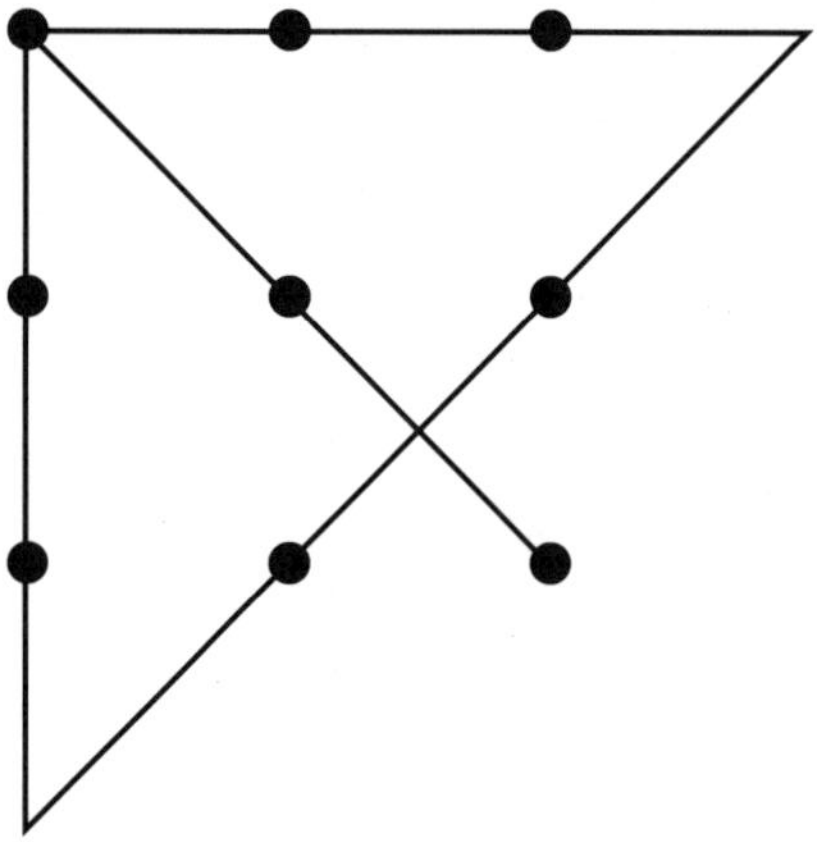

5　どうなってる、現代日本人の人間関係?

家族で食事に行ったときのことである。隣のテーブルにもやはり、夫婦、子供二人の家族がすわっていた。高校生と中学生の男の子と女の子。楽しく、おいしいものを食べて家族で週末のひとときを過ごそうという、別に気にとめるべきでもない光景。いや、光景のはずだ。食事を注文して待つ間、四人で会話がはずむか、と思っていると、次の瞬間、「えっ？」と言いたくなるようなことが始まった。何と四人がそれぞれ自分で用意してきた本を読み始めたのだ。その状態は食事が運ばれてくるまで続き、食事中もそれぞれが注文した料理を黙々と食べて、終わったらレストランを出て行った。別にけんかをして、きまずい雰囲気だったようにも見受けられなかった。本人たちからしてみれば、家族でおいしいものを食べることによって「コミュニケーション」をしたと考えているのかもしれない。

社会の最小ユニットである、家庭内のコミュニケーション上の問題に部分的にせよ原因があると思われる、さまざまな問題が起こっている。日本人どうしの人間関係の特徴や、そこで起こる問題の本質、原因、そしてそれらに対する建設的な解決策を模索することが急がれる。人間関係がどうもうまくいっていないことを物語る例をもうひとつ。

旅行業を営んでいる友人がいる。最近よく客が集まるプランのひとつにお見合いツアーがあって、「今度ひとつ企画があるので、道中『もてるコミュニケーション講座』をやってくれ」と誘われたので、興味本意で行ってみることにした。男女同数の独身者がバスで、そして日帰りで観光地を回る。その間、気に入った相手に声をかけ、話をして、その後の交際については、本人どうしで決めてもらうというものである。これまでにめでたく結婚までこぎつけたカップルもいるという。

しかし、驚くのは特に男性の消極性である。バスの中では何度か全員で同時に席を移って自己紹介するのだが、それを聞いているとみんな判で押したような、名前、仕事、カラオケ、釣などの趣味、血液型など、表面的な話題の域を出ていない。昼食のために素敵なホテルに立ち寄った。バイキング形式の食事なのだが、天気、景色、料理など、すべて最高の条件が揃っているように見えた。「ここ空いてますか」、とか「あ、さっきの話だけど」とか言って目当ての女性、男性と同じテーブルについて食事をしながら会話を深めていくか、と期待したが見事にはずれた。三十人近い男女がいたにもかかわらず、同じテーブルに男女のグループですわっている人たちはわずかに二組。バスを降りて名所、旧跡を歩いて回るのも、必ず男のグループ、女のグループで群れている。「何しに来たんだろう」と思いたくなる。そして毎回、ツアーから何日後か、集合写真を見た何人かの男性から旅行業者のところに必ず電話がかかってくる。

「前から三列目で、左から五番目の女性と付き合ってみたいと思っているので名前、住所、電話番号を教えてほしい」と。

個人情報を簡単に他人に渡すことははばかられるので、いったん「ではそのひとに尋ねてみましょう」と言って電話を切る。今度はその女性に

「前から二列目で、右から四番目の男の人があなたに電話をしたいといっているけど番号を教えてもいいいか」と聞く。

そこで女性から承諾が得られればあとは本人どうしの交渉にまかせるというシステムである。この話を聞いておかしいやら、「男なら最初から自分でなんとかしろ」と腹立たしいやら、またこのままではこの先日本人の人間関係はどうなってしまうのだろう、という不安に駆られる。ヒトはこの世に生まれ、周囲の人間と関係を築き、そのプロセスで自分がどんな人間なのかという自己概念を作り、社会的動物、人間へと成長していく。そのプロセスでは、好きな相手と関係を築き、愛情を共有することもある。これが人間に与えられたユニークなコミュニケーションの営みである。

しかし、そもそもなぜこんな当たり前のことをあらためて考える必要があるのか。そして日本のあちらこちらの大学、企業、さらには文化サークルなどでコミュニケーションの大切さが取り上げられ、多くの書物が出版され、コミュニケーションを取り上げたセミナーやワークショップが催されるようになったのはどうしてだろうか。コミュニケーション論を専門にやってきたものとしては、日本でもやっとそれが学問分野としての市民権を獲得しつつある印とも思える、このような現象を目にすることは喜びである。

だがこれらのことを別の角度から見てみると、日本人どうしのコミュニケーションがうまくいっていないことの表れなのかもしれない。どのようにして日頃の人間関係を豊かなものにするかを考えるためには、最近の日本人のコミュニケーション、対人関係の傾向についてあらためて正しい認識をすることが最初の一歩となるだろう。

集団主義──日本の「伝統的な人間関係」

アメリカやヨーロッパの多くの国々の人たちは個人主義思考に基づいて行動する。それに比べて、日本では昔から、家族、親戚、サークル、クラブ、会社などさまざまなグループ、地域、そして国家などの集団の利益の追求のためには、自己の幸福を犠牲にする、集団主義的思考が社会を支配してきた。

確かに自分とその家族の一生を捧げて殿様に貢献したサムライの時代から、お国のためには飛行機ごと敵の船に突っ込んでいった特攻隊、さらには企業戦士と呼ばれる仕事人間だらけの時代にいたるまで、日本の社会と産業の発展は、このような自分自身を後回しにする人たちによってささえられてきた。

一九七〇年代後半から八〇年代の前半にかけて脚光を浴び、アメリカの経営学者や、会社の経営者がいかにして取り入れることができるかを研究をした、「日本的経営」の柱をなすのもやはり日本人のこのようなグループ思考、「われわれ主義」だった。上司が黙っていても、部下は「どうすれば働きやすい環境を作ることができるか」、「製造、販売の現場での問題点をどのようにして解決すれば最も効果的か」、そして「われわれの会社の利益を増やすには何をすればいいか」といったことを自主的に考えてくれる、というのがアメリカの日本企業に対するイメージだった。

日本が集団主義でアメリカが個人主義であるという考え方は、政治、文化、経済などあらゆる面での文化、社会を特徴づけるうえで使われてきた。

まずは自分の主義、主張を明らかにしたうえで相手との意見の相違を、たくみな論述を駆使して交渉しようとするアメリカのビジネス、政治のリーダーたち。

一方日本側の交渉術はというと、まずは相手の出方をうかがったうえで、できるだけ「角が立たないように」、そして相手も自分も「メンツがつぶれないように」、あいまいで、回りくどい、しかも奥歯にものが挟まったような言い回しで、こちらの立場を相手に察してもらおうとする。経済、貿易、政治、また米軍の沖縄の土地利用などを含む戦略交渉の経緯を見てみると、日米間のコミュニケーション面の特徴としてこれまで大体このような違いに気がつく。

また、日本人どうし、アメリカ人どうしのコミュニケーションを見ても同じようなことが言える。どんな相手にも「私は○○と考える。あなたはどう思うのか」と、自分と相手との考え方の違いをまず最初に明らかにして、そこから話を進めていこうとするのが一般的なアメリカ人のコミュニケーションである。もちろん、ありとあらゆる人種や文化が共存するアメリカだから、中にはこれとは全然違った方法でコミュニケーションをする人もいる。

しかし、学校の教育では、まず自分が言いたいことを相手にもわかりやすいことばで表現し、それからその理由をできるだけ具体的、客観的事実で補強する、というスピーチ、ディスカッション、ディベートのパターンが強調されていることもまた事実である。アメリカの小学校ではショウ・アンド・テル（Show and tell）と呼ばれるコミュニケーション活動が取り入れられている。自分が大切にしているおもちゃ、旅行したときに買ってきたおみやげなど、クラスメートに見せたい物をもってきて、クラスの前でそれが何なのか、自分にどんな意味をもっているのか、などについてスピーチをする。アメリカ人は自分をアピールすることを幼い頃から身に付けている。

これに対して日本人はというと、それぞれがいろんな考え方をもっているかもしれないが、それをみんなが好きなように主張してしまうといつまでも全体の意見がまとまらない。そればかりか、集団の「和」を乱してしまうので、まずは注意深くまわりの様子をうかがう協調性が重要な資質とされる。自分が言いたいことをコントロールし、逆に相手が言いたいと思っていることをうまく察して、相手、特に目上の人に対して敬意を表し、周囲の状況に敏感に反応し、さらに不可解、不透明なことに対して忍耐をもつことが日本人どうしのコミュニケーションで重要な能力とされている。日本独特といわれる、あうんの呼吸、察し、遠慮、一を聞いて十を知る、思いやり、気配り、甘え、などの考え方、行動様式は人間関係を保つうえで身につけておくべき大切な美徳とされてきた。

変わりつつある日本人のコミュニケーション

このようなあいまいなコミュニケーション、特に微妙で繊細な非言語メッセージを通して、互いの気持ちを察し合いながら、細かいことまでひとつひとつ触れなくても意志の疎通ができる、というのが日本人のコミュニケーションの特徴だった。隣近所との付き合い、会社の上司や同僚との人間関係、学校の友達あるいは先生との交わり、そして家族との関わりにもこのような集団主義、つまり自分が属するグループの「和」や利益を最優先する、思いやりのコミュニケーションが主流をなしてきた。

しかし、このような形態のコミュニケーションは、今ではごく限られたところでしか行われない傾向にあるのではないだろうか。たとえばどんなお店に行っても、こちらが客である以上、その店の人は客の気持ちを先回りして、客が満足するようなサービスを提供することはごくあたりまえのことだった。だが、このような気配りはよほど高級な料理店や旅館、あるいは飛行機のファーストクラスなど、相当の料金を出した引き代えとしてのみ提供されているように思える。以前ではあたりまえだったサービスが、今では「見えないところでのお客さまへの気配り」だとか、「客の心温まる女将のもてなし」、さらには「ラーメン屋の頑固おやじのスープへのこだわり」などと称して特別視され、テレビで紹介されるありさまだ。日本へ来る外国人は「日本のテレビにはどうしてこんなに料理や、旅行番組が多いのか」と不思議がる。

これらの現象は、本来相手を思いやることを重要視してきた日本人のコミュニケーションそのものが変化している、あるいは表面的にはあまり変わらなくても、対人行動の裏、または深い部分での考え方に微妙な変化が生じていることの表れなのかもしれない。最近の若者のコミュニケーション行動と、その裏にある心理状態を探ってみると、同じ「あいまいコミュニケーション」でもその動機としては相手を思いやるというより、直接的なものの言い方をして相手を傷つけることによって、結果的にそれが自分に返ってくること、つまり自分自身が傷つくことを避けたい、という気持ちが強くはたらいているように思われる。

大学生が次のような状況でどのような行動をとるか、調査してみた。

状況

あなたのゼミでは今度、旅行を計画しようという声があがっています。あなた自身はせっかくのゼミ旅行だし、学生時代の思い出を作るためにはアメリカ、ハワイ、あるいはタイ、韓国、台湾、香港などの外国に行きたいと考えています。外国にいくとなるとやはりどうしても費用が八万円から十万円、場所によっては十五万円から二十万円、そして旅行期間も少なくとも三泊から一週間くらいはかけないと意味がありません。ゼミ全体で具体的に話し合ってみないとみんながどのように考えているかはわかりませんが、数人のメンバーにそれとなくあたってみたところ、一、二泊のこじんまりとした国内旅行をと考えているようでした。外国旅行を希望しているのは少数のメンバーかも知れません。ゼミ旅行の話し合いの時にあなたはどのような行動をとりますか。

この問いかけに対して圧倒的に多かった回答が、「まず、自分の希望は希望として伝えるが、自

NO

分の意見が計画の進行を妨害するのであれば、折れる部分は折れる」という内容のものだった。この種の回答の裏には、「まったく自分の意見を言わずにすべて周囲の考えに合わせるのは嫌だが、かと言って自分の主張をし過ぎて敵を作ることは絶対に避けたい」という心理がはたらいていることが想像される。その証拠にこの調査で得た回答を内容分析した結果、「一応言ってみる」、「とりあえず意見は言ってみる」、「自分の行きたいところでなくても賛成する」という表現が使われる頻度がきわめて高かった。

表面上、相手の気持ちを思いやり、全体の和を保つために自分を犠牲にするという本来の集団主義のようではあるが、実はグループ全体の幸福が個人の幸福の前提として考えられているのではなく、自分は自分、グループはグループ、というふうに完全に別個のものとして考えているのである。つまり、あるグループに属し、その中で自分の立場を保つということは、自分の目的を達成するための手段に過ぎず、グループに属すこと自体にかけがえのない満足を求めるということではない。集団に所属して、その中で楽しいこと、つらいこと、困ったことなど、さまざまな人間関係を通して「自己」を確立するという本来の集団主義思考ではなく、集団を自己目的の達成のために利用しているという都合主義の人間が増えているのかもしれない。

それでは、最近の日本には欧米文化のように個人主義者が増えてきたのだろうか。確かに働きすぎの傾向にあったワーカホリック、自己主張ができない、また「Ｎｏと言えない日本人」など、個が確立されていない日本人の特徴が、欧米人の日本人に対する不満として浮き彫りにされることが多くなった。それらへの反発として「個人のゆとり」、「個性重視の教育」、「実力主義」、「自己主張」などという考え方、生き方が教育、企業の場で前面に押し出されることにもなった。これらのことからだけ判断すると、日本文化も以前の集団主義から、個人主義社会へと移行しているかのように思える。

しかし、真の個人主義は自分自身の主義、主張をはっきりさせる分だけ、相手、つまり周囲の人間の主義、主張も認めるという両刃の個人重視主義を指しているのであって、決してわがままとは違う。一見、個人の特質を最大限に発揮させることを重要な目標としている最近の日本の教育だが、そこにはほんとうの個性でもなんでもないものを「個性的」ということばでごまかしている日本社会が映し出されている。「個性重視の教育」、「自分だけの生き方」、「自分らしく」といった見せかけのことばにごまかされるべきではない。真の意味での個人主義は、そのような表面的、断片的な小手先だけの看板のかけかえで生まれるものではない。個人の権利を追求する分、いや、時にはそれ以上に相手の権利を認めることが求められている。義務感がともなわない、個人個人の幸福の追求だけではどんな社会も機能しない。残念ながら現代の日本人の多くはこのようなわがまま人間になってしまっているように思えてしかたがない。

「やさしい」人間関係の裏側
――「プライバシー」には立ち入らない冷たい関係

このような、自己中心的な個人主義思考は、自分の意見や生活を重視する「個人化」や、社会性、規範意識の崩壊、それに人間関係の希薄化などという形で具現化していることが、最近の野村総合研究所や、NHK世論調査部、などの調査で明らかにされている。他人とのかかわりをできるだけ避け、友人との交わりさえも表面的なものにとどめたい、そのくせ孤立することを恐れるという広く浅い人づきあいを求める傾向がある。

では、現代の日本人はお互いの深い部分には立ち入らない、「個人の領域」を明確にした人間関係を本当に理想として考えているのだろうか。少々自分の利益を犠牲にしてでも相手との人間関係を守ろうとする、という考え方から自分は自分、他人は他人と厳密に区別するやり方へ変化していく社会の流れに本当に満足しているのだろうか。

いや、決してそうではない。自分のことをすべて理解してくれて、相手からもさまざまな相談を受ける、たまにはお互いのことを厳しく批判し合う、そんな全面的な人間関係を作りたいができなくって淋しい思いをしている、というのが本音なのではないか。個人情報誌に「友達募集」の公告を出すと二週間で二、五〇〇件の電話、ベル、手紙による「応募」があることが珍しくないという。「ベル友募集」をしてもひっきりなしに電話がかかってくる。どんなことでも本音で語り合うことができる、それが本来の意味での友であり、そのこと自体は変わっていないはずだ。では、友人、そして人間関係に対する人々の対応のし方はいつのころからどのようにして変わってきたのだろうか。

サンフランシスコ州立大学のバーンランド教授が日本人学生と、アメリカ人学生の自己開示を比較調査して、すでに四半世紀以上がたつ。それによると、日本人は言語面でも非言語面でもア

悩み
計画
夢

メリカ人と比べて自分のことを相手に知らせる程度がたいへん低いことが明らかになった。どのくらい低いかというと、これが驚くほどで、どうしてもデータとその分析の方法に問題があったのではないかと思うほどの違いが報告されている。日米ともに最も深く自分のことを開示する相手が同性の友人で、逆に最も低い相手が父親である。ところが、アメリカ人学生が父親を相手にして行う自己開示と、日本人学生が最も親しいはずの同性の友人に対して行う自己開示とが変わらないという衝撃的な結果だった。

バーンランドは、自己開示の程度が低いということは、自分自身の内面の理解度が低いということにもつながるのではないかと推論している。つまり自己開示をしない日本人は自分がどのような人間かわかっていないから自分のことを人に話したがらないし、また自己開示しないから自分のことを理解できない、悪循環であると主張した。この主張にはその当時、「アメリカ人独自の考え方を、歴史、風土、文化、すべての面で大きく異なる日本人に押しつけようとしている、いかにもアメリカらしい傲慢なやり方だ」と反発する日本の研究者が多かった。

しかし、現実はどうだろうか。調査が行われた一九七〇年代中頃と現代とでは時代が異なり、日米の差はそれほどでもなくなっている、というのもひとつの考え方だろう。しかし実際には内面的な部分は意外と変わっていないのかもしれない。それどころかその差はさらに開いているのかもしれない。もちろん自己開示の面でアメリカに遅れているから、少しでもその差を縮めるべく、日本人もどんどん自分のことをどんな相手にも開いていくべきだ、などと言っているのではない。

相手と異なる意見を主張し、ときには激しい議論も辞さない、また議論のための議論を戦わせ、それを楽しむなど、日本人の日常のひとづきあいからはとうてい想像できないコミュニケーションをするアメリカ人。それに比べて一度議論になってしまうと、双方の体面、プライド、それ以降の人間関係に悪影響を与える可能性が高いからと、最初から意見の対立を避けようとする日本人。日頃から大切にしている自分の価値観に根ざした意見を言ったり、深い感情を相手に示す、つまり深い自己開示をするということは当然相手との対立を招く可能性を秘めている。しかし、逆にある程度深いレベルでの自己開示がなければ本当の信頼関係は生まれない。

日本人どうしの会話では、初対面の相手とは天気の話や、その他直接自分たちとは関係のない、当たり障りのない話題、つまりスモール・トークに終始することが多い。それからするとアメリカ人どうしのコミュニケーションでは、日本人から見ると「露出狂」ではないかとさえ思えるくらいに、初対面の相手に対しても、自分や家族のたいへん奥深い部分まで平気で話す場合が多い。このように、日本人のコミュニケーションでは、普通、相手への気配りからか、相手の感情や、過去の秘密に触れる可能性のあるような話題は極力避ける。

しかし、このような一見奥ゆかしく、控えめで、遠慮と察しに特徴づけられる日本人のコミュニケーションは、実は相手への思いやりによって生まれるのではなく、自分を傷つける可能性を少しでも排除したい、つまり保身の動機から生まれている可能性が高い。「やさしい」、「深入りしない」人間関係は、裏を返せば相手のプライバシーに立ち入ろうとしない、そしてもちろん自分のプライバシーにも立ち入らせない「冷たい」人間関係ともいえる。

ポケベル、PHS、携帯電話、ファクス、インターネット、などの通信技術は目を見張る勢いで現代のごく一般の日本人に浸透し、彼らの日常生活に大きな影響を与えるようになった。これらのコミュニケーションのハードウェアが私たちの生活を豊かにしてくれていることが事実である一方、若者の間では「ベル友」や「ファクス・フレンド」といった奇妙な友人関係が見られるようにもなった。手当たりしだいにポケベルらしい番号に「友達になりませんか」という内容のメッセージを送り、運よくそのような誘いを待ち受けていた相手から、「うん、いいよ」という返事が返ってくる。

いくら技術が発展したからといって、ポケベルで交換できる内容は、ふたりの人間が直接会って、面と向かった状況で交換できる情報とは質、量ともに比べものにならない。どうしても、「おはよう」、「元気?」、「がんばって」、「おやすみ」など、ごく表面的なメッセージを交換するのが精一杯である。にもかかわらず、このようなメッセージだけを交換するために「ベル友」に一日何十回と電話をかけあうという、以前では信じられなかった人間関係をしている若者が増えている。

面倒なことが嫌いだという若者にしては、相手のポケベルにメッセージを送るための番号の組合せを覚える労は惜しまない。公衆電話で一心不乱にプッシュボタンを押している姿は神業的でもあり、同時に何か哀れな印象さえ与える。

「プリクラ」にしても同じである。機会(機械)さえあればいろんな相手と狭いスペースの中で、何十種類とあるフレームの中から好きなものを選んで、慣れた手つきで写真を撮る。そして、撮った写真をシールにして張りつける、それ専用のアルバムまで持っている。何百枚というプリクラのシールを張りつけて、数の多さを競い合うかのようにアルバムを見せ合っている若者の姿をよく見かける。

ポケベルで何十回メッセージを交換したところで、またどんなに多くのプリクラを集めたところで、深い、感情的な、そしてお互いのプライバシーを共有し合うような、本来の意味での親友関係が発展するのだろうか。

少し前までの「親友」と現代の「親友」とでは意味合いが違っているようである。元来、親友とはどんなことでも話し、相談し、たまには喧嘩をすることがあっても最後まで頼りになる、かけがえのない友のことを指していたと思う。喜び、悲しみ、悩みを共有し、全面的に心を許し合う、それが友だったはずだ。だから、そんな親友は二人とか三人くらいしかいるはずがないのだ。

ところが最近の高校生の多くがなんと六人以上の親友をもっていると認識しているらしい。少しでも趣味、嗜好が一致し、何度かことばを交したことがある、つまり断片的なつきあいだけをしている相手も友人と考えている。大学の体育会などのような全面的な参加を必要とする集まりではなく、サークルのようにいつでも好きなときに来ればだれかがそこにいる、そして何となく一緒にいても気を使わなくて済む、という関係を心地よく感じているようだ。

ひとは一人では生きていけない。友達はたくさん欲しい。でも、相手と互いの深い感情の部分にまで立ち入ったり、いがみ合いになったり、喧嘩別れするようなことになるのは面倒だ、という矛盾する欲求をもっている。最近の日本人にとって「人間関係」とはどのような位置づけがされているのだろうか。

人間関係は目的、それとも手段？——「いま・ここ主義」

日本人のコミュニケーション、人間関係のあり方、考え方が前と比べると変化しつつある。昔は当たり前だと思われていたことが今では全然そうではない、などということは人間関係に限らずいくらでもある。しかし、どう考えても、中学生が先生を殴ったり蹴ったり、ナイフで刺したりということは以前では想像できなかった。子どもの友人関係の様子が変化し、親子、教師と生徒、上司と部下、などさまざまな状況でのひとづきあいに変化が及んでいる。人と人との関わり合いに対する、日本社会全体の姿勢に根本的な変化が見られる。やはりこのあたりで現代の日本人が、人と人との関わり合いをどのように見ているのかを真剣に考えてみることが、豊かな人間関係を構築する第一歩となるだろう。

人間がコミュニケーションをするのは、何かの目的があってのことだ。コミュニケーションそのものが目的なのではなく、その先にある人生のさまざまなゴールを達成するための手段である。もちろん、明らかなゴールはなく、また裏に隠された打算的な目的なども一切なく、会話そのものを楽しんだり、友達と一緒に過ごす時間を幸せと感じることもある。私たちはこのような満足、つまり「ゆとり」を増やしたいとも願っている。

しかし、同時に私たちは他者との関係の中で自分を見ることによって自己を認識し、自尊心を高め、また人間関係を通して自分の生涯の目標を見つけ、その達成のための手段を考える能力も持っている。そういった、人間にだけ与えられた、将来を考えるという能力を有効に生かさない、ということになると人間として満足な社会生活をしていない、ということになる。つまり、人間関係を作ることは、さらにその先にあるもっと高いレベルのゴールに到達する上での通過点なのだ。

ポケベルだけのメッセージの交換、ファクスのやりとりだけの交流で、自分のユニークな側面を見つけて、それを発展させていくような人間関係が作れるのだろうか。隣近所や、会社の同僚とのつきあいも表面的なものにとどめるという態度は、人間関係を作ることがひとつのゴールで、その先には別の目的はないという、さびしい関係に過ぎない。「今を生きる」、「今さえ楽しければそれでいい」、「あまり難しいことは考えないで、ありのままの自分の生き方がしたい」といったことがよく聞かれる現代の社会だが、これらはすべて人間関係そのものを目的視している考え方を反映している。周囲との人間関係を手段と考え、他人や、他人との関係を利用して自分の目的を達成するべきだ、などと言っているのでは決してない。しかし、人間関係を通して自分の人生を豊かにすることは、対人関係を一歩超越して、自分をいろんな角度から見つめてみる、という考え方を指している。

加藤周一氏の言う「いま・ここ主義」や、青少年に関する研究で著名な千石保氏が主張する、ポストモダンの時代の「コンサマトリー感覚」が現代の日本人の人間関係に対する態度を表している。時間や場所を超越した普遍的な目的、目標に向かってひたすら生きていくというやり方には否定的で、「今」という瞬間、そして「ここ」という場所で満足、喜びを得ることを目的とする人間が多い。「とりあえず」ということばが頻繁に使われるのはこの考え方の表れであろう。このような考え方は、多くの状況でのわたしたち自身の行動、思考パターンを見てみればよくわかる。

多くの日本人の余暇の過ごし方を例にとってみよう。ゴールデンウィークを使って、日本人ばかりがあふれている海外の観光地を駆け足で巡って帰ってくる。成田空港でマイクを向けられて「疲れました。また明日から仕事です」と答える。ではそんな思いまでしてなぜ行ったのか、と尋ねたらおそらく「行きたかったから」と、行くことそのものが目的であると思われるような答が返ってくる。休暇を使って海外旅行をして、異文化の人たちの生活を見てみるという、一段上のレベルの目標を眼中にして旅行する、といった感覚がどうも薄いように思われる。

テレビの多くの「グルメ番組」と呼ばれるものの中で、芝居をしたり、歌を歌うことが仕事だと思っていた俳優、歌手などが「○○の究極のラーメン」と「△△の秘伝のそば」とを食べ比べる。いかにもおいしそうな表情で食べながら、「麺のこしが違う」とか「つゆのこくが何とも言えない」などと言いながら、それを調理した人とことばを交わす。「このラーメンのスープはどうやって作るのか」と尋ねると、「秘伝の」スープに自信を持つおやじさんが、「それだけは『企業秘密』だから絶対に教えられない」などと言う。このようなテレビ番組を見る人に「どうしてこんな番組を見るのか」、とか「この番組を見て何の役に立つのか」などと尋ねるのは野暮だろう。「おもしろいから見る」、「何も考えずに見られる」という答が返ってくるに違いない。確かに、どんな行動も高級な目的を達成するための手段だ、と常に考えるのも疲れることではある。しかし、逆にどのような場合でも行動そのものに意味がある、と言ってしまうとあまりにも淋しい。目標を失ってしまった人間が多すぎるようである。

これと同じような考え方で人間関係を見ているとすれば、当然相手のプライバシーに立ち入ってしまったばかりに相談を受けたり、自分の弱みを握られていやな思いをしたり、また自分の意見を言って相手に不愉快な顔をされるなど、どれも面倒な結果に結びつきかねないようなことは、「まじ」なことを敬遠する現代の日本人にとっては大きな負担のようである。

思いやりをもって相手の立場に立ってものごとを考えたり、自分が属している集団の幸福を、自分自身の幸せの追求を犠牲にするほど優先させたりというのはもう古い、あまりカッコいい生き方とは考えられていないのだ。では、日本人は欧米人のように個人主義を尊重し、それぞれが強い、責任ある個人として生きていくことを重視するほどまでになったのか。いや、それも違うようだ。

人の気持ちが読めなくなった日本人

「思いやり」、「察し」、「気を利かす」などは古くからひとづきあいに関して多くの日本人がもっていた考え方、姿勢をあらわすコミュニケーション行動の主なものである。これらの考え方の裏には、相手の話の「一を聞いて十を知り」、相手とのこれまでの、そしてこれからの人間関係をよく考えて、その場その場に最も適した、そしてある程度自分を抑えた発言をすべき、という教訓が隠されている。日本人のコミュニケーションはあいまいだ、とよく言われるが、これは必ずしも否定的な批判ではなく、日本人の多くが人との争いを避け、できるだけ集団の和を乱さないように努める術を知っているという、肯定的な意味での特徴づけであると考えてよい。

以前、私がアメリカの大学で教員をしていたとき、レポートを書いてくる指示を出すと、決まって「アメリカ人学生は自分で最も適切な方法を考える、つまり気を利かすなんてことはしない（できない）んだ」と思わされたものだった。内容についてのこまごまとした質問に加えて、学生は紙の大きさ、タイプをする際の行間、提出場所、時間など「少しは自分で考えろ」と言いたくなるようなことばかりを尋ねる。

同じ説明を繰り返すのも面倒だし、アメリカ人の学生は文書にしたものを見てお互いの合意事項を確認する、つまり契約を交わすということに大きな価値を置いているので、予想される質問事項にあらかじめ答える形のインストラクション・シートを配った。あるとき、一人の学生のレポートにBの評価を出したところ、その学生がかなりの不満を持った様子で研究室に抗議しにやって来た。その学生の言い分は「私は先生が出した指示に忠実に従い、求められていることは全部やった」という内容だった。それに対して私はわざと「だからBなんだ」と答えた。この一見「禅問答」のような受け答えに対して、その学生はさらに憤りをあらわにして、「これは公正を欠く評価で、学部長に訴える」と言って反論した。結局「ここまで指示どおりにやれるのであれば、自分の議論をもう一歩踏み込んで展開してもらいたかった」という内容のことを言って、時間をかけて納得させた。

この学生と議論しながら、「日本人の学生だったらすぐに理解してくれるだろう」と思ったものだった。その後日本の大学で教員をするようになって間もなく、「今の日本の若者にそんな期待をしても無理だ」ということがわかった。だれもが、手とり足とり教えてくれるのに慣れ、自分でものごとを考えられなくなってしまっている。「指示待ち世代」、「マニュアル人間」がいっぱいの今の日本ではアメリカ人以上にこまごまとした指示、説明を与えなければ行動できない人間が多い。

自分が属する集団や、相手のことばかり考えて、自己を犠牲にする人間が多かった昔の日本と比べて、個人の幸福を重要視する人が増えてきたこと自体は結構なことだ。しかし、個人に与えられた義務を遂行し、社会の一員としての責任を全うして初めて自分の権利を追求する、という真の個人主義社会となったのかどうかははなはだ疑わしい。

自分のことを自分の好きなように考え、自分の都合のいいように行動をするというのは単なるわがまま、自分勝手であって、個人主義とは明らかに異なる。目的意識が低く、おまけに周囲に対する思いやりがうまくなく、しかも自発的、積極的に行動を起こすことができない、となると最悪の組み合わせになってしまう。これでは家族、友達、先生、上司、部下、などどんな相手ともコミュニケーションがうまくいかなくて当然である。

「キレる！」――「社会化」できない日本人

最近、毎日のように中学生をはじめとする、子どもによる犯罪や、その周辺の事情などに関する報道が新聞、テレビで見られるようになった。先生から注意されたり、他の生徒から文句をつけられた、などちょっとしたことから「むかつき」、「キレて」ナイフを振り回し、先生を刺し殺すなど、悪夢としか思えないような事件が相次いで起こる。一体日本の子どもに何が起こっているのだろうか。そしてこのままでいけば将来どうなるのだろうか。

これらがすべてコミュニケーションの問題に端を発しているというわけではないだろうが、親と子との人間関係、学校の先生との交わり、また友達とのつながりなどの点で考えるべきことは少なくない。

今の日本の子どもは「しつけ」がうまくされていないのかもしれない。しつけの主な部分を占めるのが、人間が自分が属している社会や集団のメンバーとして成長していけるように方向づけを行う、「社会化」と呼ばれるプロセスである。このプロセスは当然のことながら、他者との関わりの中での相互行為のうちに進行する。そして社会化には終わりがない。もちろん、幼児から児童、青年、成人、壮年、老年という具合に一応の節目はあるが、社会化は個人の一生を通じて達成される。

物理的な年令だけは重ねても、精神的、情緒的には大人になれない「ピーターパン・シンドローム」や、いつまでも他人に強く依存する「シンデレラ・コンプレックス」に悩む青年も多い。確かに現代社会のように、そして特に日本のように価値観が急速に多様化した社会では、そこで周囲から「一人前」として認められる程度まで社会化することは容易ではなくなってきている。

言い古されたことかもしれないが、「人」という文字は二人の人間がお互いに寄りかかっているところを表しているといわれる。仮に片方の人間がもう一方の人間に極度によりかかってしまうとこの関係は崩れてしまう。ある程度は相手に依存しながらも、自分の足でしっかりと大地を踏みしめて生きる、そしてその生き方、つまり他との適切な関わり方を幼い頃から身につけさせること、それがしつけの最も重要な部分なのだ。箸の使い方、きちんとした服装などの礼儀作法を習得することもしつけの一部かもしれないが、一人の人間が社会の一員として生きるための術、それを知識、知恵として自分のものにさせることがしつけの重要な部分を占めている。と考えると、子供も大人も含んだ現代の日本人は社会化に関してどのように評価されるだろうか。

残念ながらあまり高い成績を修めているとは言えない。コミュニケーションについての簡単な例ひとつとってみてもよくわかる。最近、何十年間も大学教育に従事してきたベテラン教授から、初めて教壇に立つという新人講師までが口をそろえて言う。「学生の私語がうるさい。どうすれば静かに講義を聴いてもらえるのか、何か効果的な対策があれば教えてもらいたい」といった内容の苦情、愚痴である。そもそも高い授業料を払って大学の授業を受けにきているはずの学生が、みずからその権利を放棄するばかりか、周囲の人間に多大な迷惑をかけているという認識さえできていないというのは、豊かな人間関係が……などというずっと以前の問題であろう。一人の人間が大勢の人間を相手に話をするという、パブリック・スピーキングの状況で、その話を真剣に聞き、それに対して反応を示すことが期待される聴衆が私語をして、肝心の話を聞かないなど言語道断である。

しかし、である。このような無礼極まりない最近の日本人大学生はどこから来たのだろうか。果たしてこの数十年間で突然変異が起きて生まれてきた特殊な種類の人間なのだろうか。いや、そうではない。日本人のグループ行動、つまり「ウチ」と「ソト」の相手に対する厳然たる異なった行動のパターンを見るとそのことがよくわかる。

われわれ日本人の代表であるはずの国会議員の先生方の、これまた最も重要な仕事であるはずの国会での行動。首相をはじめ、演説の最中に聞こえてくる、とても政治、経済、国際情勢などに詳しいはずの知識人が出しているとは思えない汚い野次。しかし、演説をする方もする方で、役人が用意した原稿を棒読みするだけ。とてもスピーチとか演説といったしろものではない。これは仲間が歌うカラオケには手を叩くが、知らない人が歌うときには大声で話したり、ケチをつけたりするのとよく似ている。

このような大人の行動を見て育った子どものマナーの悪さを見て「最近の若い者は……」と言って嘆くのは大人の無責任というものだろう。子どもが社会化できないのではなく、大人が子どもの社会化をさせきれていない。国際化、情報化社会などと言って体面的なこと、あるいは技術、産業の発展と金儲けだけに心を奪われてきた大人たちがその代償として得たのが最近の社会化できない子どもである。

「社会化」できなくて困っている、そして今後さらに重大な問題へと発展していく可能性をはらむ現代の日本人。さまざまな問題を解決するためには、多くの角度から日本人の社会行動を分析することが必要だろう。人との話し方、ことばづかい、上手なスピーチのし方など、表面的なコミュニケーション能力のみを改善することによってこれらの問題が解決するなどという、短絡的なことを期待してはいけない。

しかし、他との関わりにおいての自分自身の認識、自己表現、自己開示など人間にしかできないシンボル行動であるコミュニケーションについて深い、そして正確な知識を持ち、その知識に基づいた行動能力を習得することは一生かけて完結する「社会化」に大きく寄与するはずだ。

小学校の学級崩壊から国会議員の行動にいたるまで、人間の人間たるコミュニケーション活動の根本に今一度立ち返って、ヒトが社会的動物、人間として生きていくということはどのような意味があるのかを考えてみる必要がある。このことはコミュニケーション学や、心理学、社会学、教育学などを専門に研究している者だけに与えられた宿題なのではなく、子を持つ親、学校の先生、それにこれから家庭を築こうとする若者、すべての人たちが真剣に考えなくてはならない大切な問題なのだ。

6　どうすればいい、これからの日本の人間関係?

ある中学の校長先生からこんな話を聞いた。生徒のひとりがコンビニで万引しているところを捕まった。母親がその子と一緒に担任の先生と校長先生を訪ねて学校にやって来た。校長先生は母親から「家庭でのしつけが悪かったからこんなことをしてしまった。学校の名誉を汚すようなことをしてたいへん申し訳ない」といったことを言われると予想、期待していた。ところが、である。その母親の口からは信じられないことばが吐き出された。

「私たち（両親）はこの子を白紙の状態で学校に預けている。今回の万引を含み、この子の行動すべての責任は学校にある。私たちはたいへん迷惑をしている。」

これを聞いた校長先生、ぽかんとあいた口がふさがらなかった。

確かに、校内暴力、いじめ、登校拒否、また教育、指導の方法の不的確さ、さらには先生自身の私生活、モラルの乱れなど現在の日本の学校教育には問題が山積している。最近では生徒の登校拒否よりも、生徒や同僚との人間関係に悩んで学校に行けない教師が増えているとも言われる。しかし、子どもの生活の乱れ、人間関係に関する問題すべてを学校の責任に帰するのはとんでもない的外れである。

社会で責任ある人間として生きていくために身につけておくべき最低限の常識をはじめ、周囲との人間関係を築くのに必要な術を習得する「社会化」の主たる現場は、学校ではなく家庭であるはずだ。小学校での教育を始める前の五、六年間、それに学校に通い始めたあとも一日の半分以上の時間を過ごす家庭での教育、そして親をはじめとする家族との関わりの重要さを考えると、間違っても「白紙の状態で子どもを学校に送り込んでいる」などとは言えないはずである。「シツケの文化論」（大修館、一九九五年）の中で金山宣夫氏は、このような、自分では子どものしつけをしないで、一切を学校や社会に押しつけてしまう親の無責任さを「子害タレナガシ」と呼んでいる。

こんな親が増えていることは、これからの日本社会のことを考えると重大な問題であろう。こんなきわめて非常識なことを言う親は極端だとしても、中学生、高校生が殺人、強盗、恐喝などの重大な罪を犯したり、学校で他の生徒と問題を起こしたり、またいじめにあって自殺をしたりすると、必ず学校の責任が第一に取り上げられる。沈痛な表情で「まさかこんなことになろうとは予想できなかった。申し訳ない」と言って記者会見で深々と頭を下げるのは、親ではなく校長先生である。中学生同士がナイフを振り回して喧嘩し、相手を刺し殺してしまったような場合でも、普通ならば「加害者」として償わなくてはならないはずの本人や、その親も「未成年の人権保護」のおかげで名前も公表されない。責任のすべてが学校での教育にあるかのように報道され、そしてそれを社会が黙認しているということが問題視されるべきではなかろうか。

家庭、学校、会社などでの人間関係がたいへんまずいものになってきている。もちろんこれはコミュニケーションだけを改善すればすべてが解決するといった性格のものではない。しかし、ヒトとして生まれてきながら、社会で満足いく生活を送ることができる人間へと成長ができていない人が多いように見える現代の日本社会で、さまざまな状況でのコミュニケーションについて考え、そしてそれぞれの立場で今後どのようなことをすればいいのか、ということについて、問題意識をもち、何らかの解決策を講じる努力をすることには重要な価値がある。

家庭内コミュニケーション——「しつけ」は「社会化」

ヒトとして生まれてきた最初の段階で、それぞれの子供の「しつけ」に最も深い影響を与えるのが家庭でのコミュニケーションである。しつけ、ということばを聞いてどのようなことを想像するだろうか。子供が自分でトイレに行けるようになり、箸を使ってひとりで食事ができ、朝自分で目をさまして、洋服を着替え、自分で一日の生活の基本的な営みをすることができるようになる、といったいわば表面的な部分でのしつけが議論されることが多い。たしかにこれらの行動がひとりでできるようにならなければ、それ以上の、たとえば学校に行って勉強をして新しい情報を収集し、役に立つ能力を習得するといった高等なゴールをめざすことはできない。

最近、このしつけに関して両極端の考え方がある。ひとつは「しつけ不全論」で、もうひとつが「しつけ不要論」である。前者によると、箸をきちんともつことができない子供が増え、一定の時間以上まっすぐ座って人の話を聞くことができない、近所の人に会ってもあいさつができない、といったことは家庭でのしつけが不十分、かつ不適切であるからだという。この考え方によると親や教師がもっともっと子供の生活の一部始終に関わり、子供の箸のあげおろしから他人とのあいさつ、人間関係にいたるまで手取り足取り指導すべきだ、ということになる。

逆に、「しつけ不要論」は、子供を家庭でのやかましい指導や学校の校則などによってがんじがらめに縛ることは子供の個性をだめにし、無限の能力の芽をつむことになるので、子供は自由に育てるべきだと唱える。子供はのびのびと育つことによってはじめてその潜在的能力を実現させることができる、というのである。そこに親や周囲の余計な力が加わると子供のせっかくの将来がだめになってしまう。少々人に迷惑をかけたり、よその子と喧嘩して、たまにはけがをしたり、させたりするくらいのことは、子供の未来の無限の可能性を考えればとるに足らない代価である、と。

このふたつの考え方にはともに問題がある。言うまでもなく「しつけ不全論」は子供が想像力を生かしてひとりで考え、自分で自分の社会生活を築いていく可能性を否定している。たしかに最近、親、特に母親が、遊び相手の友達の選択はもちろんのこと、朝起きる時間から、その日に着る洋服、そして夜寝る時間まで、子供の生活に関する一切をとりしきるという傾向が増加している。おかげで自分で考えることをしない、いや、させてもらえない、そしてその結果できなくなった子供が、結婚適齢期になっても相手を見つけることができない。せっかく見つけてもその先どうしていいかわからないといった珍現象が起こっている。

もうひとつの「しつけ不要論」が機能するためには、子供が食事やトイレのことさえ自分でうまく始末することができれば、あとの人間関係を作るとか、長期的人生設計などは周囲からの援助、指導がなくても自分でやっていくことができる、という前提条件がなくてはならない。子供に「自由自在に、のびのびと育ってもらいたい」という考えは、実は無責任な放任主義であって、子供が社会規範や、相手を思いやる気持ちといった、社会生活を送る上で最低限身につけておかなくてはならない考え方、態度、生き方を伝えることさえ放棄しているのである。もっとも、最近の親は自分たちがこどものころきちんとしたしつけを受けていないために、このような教育を子供に施したいと考えていてもできない。

本当の意味での「しつけ」とは人と人との間の関係を築き、自分のゴールを達成しつつ、豊かな人間関係を作り上げていくために欠かすことのできない、最低限のコミュニケーション能力を身につけさせることである。コミュニケーション能力と言っても、大勢の人の前でスピーチをするとか、聞き取りやすい話し方で、身振り手振りを上手に使って話をするといった表面的な技術のみを指しているのではない。「しつけ」は、こどもがヒトとしてこの世に生まれ、社会的動物としての人間として成長していくために必要最低限で、それぞれの文化に根ざした社会ルールを身をもって体験し、それらを会得することを親が助けるプロセスである。つまり、しつけは「社会化」のコミュニケーションなのである。

社会化のプロセスを通して、子どもは次の四つの能力を身につけることが期待される。

①自己抑制力

世の中の人間が、みんな本能にまかせて自分の好きなことを好きなだけすれば、言うまでもなく社会は機能しなくなる。相手が他人であれ、親であれ、また血を分けた兄弟であっても、自分の欲求、感情、意見などをある程度抑えることが必要である。ただ単に抑えるというのではなく、どの程度、そしてどのようにそれらを抑制し、その代わりたまには感情や欲求を発散させるのか、その方法を学ぶことが求められる。相手の立場に立ってものごとを考え、「こんなことをすれば相手はどんな気持ちになるのだろうか」という、つまり自己抑制力は共感という人間にだけ与えられたシンボル活動のはじまりである。仮によその子と喧嘩しても、どの程度の力で殴っていいのかということを知るのも自己抑制力の結果で、ナイフを持ち出して「ムカつき」、そして「キレて」相手を刺し殺してしまう、というのは明らかに自己抑制力が根本的に欠如している何よりの証拠である。

②人間関係能力

一生の間で親と子、兄弟、先生と生徒、など役割、立場の違いによってそれぞれの状況でさまざまな人間関係が生まれる。わたしたちはこれらの人間関係を通して自分がどのような人間なのかという、自己概念を形成する。つまり、自分自身を正確に理解するには他者との人間関係が必要である。友達を作り、お互いの気持ちを伝え合い、喜び、悲しみ、怒り、などの感情を共有できるような対人関係を発展させるための能力がいる。そのためには、幼い頃から、人と会ったらあいさつをする、何かしてもらえば「ありがとう」とお礼を言う、迷惑をかけたら「ごめんなさい」と謝るといった、人間関係を形成するために必要な最小限のコミュニケーション能力を習得させることがしつけに求められている。

③社会規範力

ヒトとして生まれた動物が、社会的動物、人間として成長するには当然、互いが認めあわなくてはならない権利がある。私たちの毎日の生活には、皆がルールを守らなくては社会として機能しない状況がたくさんある。たとえ幼いこどもであれ、立派な大人であれ、このことは変わらない。たとえば、駅で電車を待つ際、列の最後に並ぶとか、エレベーターでは乗っている人が降りるのを待って乗る、それに人が話しているときには横から割り込まない、など考えてみればごく当たり前であるはずの社会的ルール。これらのルールは法律のように明文化されてはいないものの、人間がシンボル活動であるコミュニケーションを通して、共通の理解を築き上げた結果、それぞれの社会、文化の枠組みの中で作り上げてきた、人々の日々の生活を円滑にするための規範である。社会規範を理解し、半無意識的にそれらを守るという道徳心、倫理観を身につけることはしつけの役目のひとつである。

④想像力

「一を聞いて十を知る」のが日本文化の特徴のひとつであったはずだ。しかし、最近ではこれがもうずいぶん昔のこととしてしか考えられなくなってしまった。相手が言ったひとことからその裏に隠されている本音を探る、これはひとつ間違えば「勘ぐり」と混同されてしまうかもしれないが、相手の気持ちを思いやる、という行為はまさに想像力を使うことを意味している。ところが情報がすべて与えられ、情報を受ける側は何も考える必要がないという状況が最近多く見られるようになってきた。偏差値重視の情報詰込み教育にしても、メディアから流れてくる情報にしても、それらを見たり聞いたりする側が想像力を使って情報の真の意味を解釈する、ということがなくなってしまっている。最近のテレビ番組では、日本語で話しているにもかかわらず、手書きのような書体の字幕が出ることが多い。視聴者が自分で考える力を失わさせるかのようなメディアの影響は深刻である。家庭でのしつけでは、自分や、あるいは人類全体の将来、目の前の相手の気持ちを、想像力を使って「察する」能力を養うことが求められている。

社会化の一環として習得することが求められているこれらの能力は、一般に「社会」と呼ばれるコンテキストの中で、人と人とのコミュニケーションを通して受け継いでいかれるはずである。そして最も影響力が強く、方法によっては一番効果的に社会化をすることができるコンテキストが家庭なのである。「三つ子の魂百まで」や、「子は親の背中を見て育つ」などの日本のことわざにも表されているように、子、特に幼い子に対する親の影響はきわめて大きい。本来家庭内での教育は意図的な行為だけではなく、むしろ親の無意図的な行動から子どもが学びとる部分が多い。

さとる.

しかし、核家族化や少子化などによって現代の親は、親としての自覚が低い可能性がある。だからそのような親を持つ子どもは、どうしても元来親から受けるべき意図的、無意図的な社会化のための教育を受ける機会が乏しくなってしまう。これから先、さらに核家族化や少子化は進んでいくといわれる中、何とか家庭内のコミュニケーションを意味あるものにし、豊かな社会化を進めていく努力を意図的にしなくてはとり返しのつかないことになってしまう。

仕事、仕事で早朝から夜おそくまで家を空ける父親と子供との接触時間がほとんどない、と言われる。「最近、子どもとのコミュニケーションがほとんどない」、とか「今度の休みは家族でどこかに出かけて子どもとのコミュニケーションをとることにしよう」などといった父親の声がよく聞かれる。しかし、ここで言われているコミュニケーションとは接触の機会、時間を指す、コミュニケーションの量的側面であるようだ。親子間の交わりで大事なのは量ではなく、質である。

コミュニケーションの効果はメッセージの受け手が、メッセージにどのような意味をあてはめるかによって決まる。とすれば、メッセージ交換がどんなに少なかろうと、あるいはそれが仮に間接的なものであっても、常に子供は親から何らかのメッセージを受け取っているのである。夫婦間、また親と家庭外の人との接触におけるコミュニケーションを子供は見ている。親の意志とは必ずしも一致しない部分で、子供は親からしつけ、つまり社会化の影響を鮮明に受けている。テーブルを囲んで難しい顔をしながら話し合う家族会議や、どんなに夜の帰宅が遅くても、朝食だけは必ず子どもとともにとる、といった形式にとらわれたコミュニケーションを大切にするより、親が日頃の自分の行動をまず再確認する自己モニターが重要である。

最近、子どもの反抗期がなくなりつつあると言われる。子どもが素直になって、親の言うことを聞き、反抗することがなくなったのは親にとって子どもが扱いやすくなった、と思われるかもしれない。しかし、これは深刻な意味合いを含んでいる。子どもが反抗したくても、反抗する相手がいなくなった、とすればこれは親の子どもに対するコミュニケーションのあり方が反映されていると考えるべきであろう。子どもに嫌われないように、やさしいことばを使って、子どもの機嫌を害するようなことは決して言わない、というのはやさしい親のとるべき態度ではない。

子どもの将来のことを本当に案じるのであれば、時には厳しいことを、厳しい口調で伝えるのが本来あるべきコミュニケーションの姿である。単に毎日子どもと朝食をともにするとか、休みには必ず家族で遠くに出かける、それがコミュニケーションであると考えるのは短絡である。肝心なのは、子どもと親との間で楽しいことも、つらいことも相互に情報、意見を交換しながら、それらがもつ意味を共有するために行うコミュニケーションの内容である。

学校のコミュニケーション――教育は説得

人の話を聞かない、突然歩き始める、ブーイング、奇声、嬌声をあげる、かけずり回る、バラバラな行動をする、そして喧嘩が始まる。祭りで酒を飲んで盛り上がっている、あるいはプロレスの試合の観戦中客が興奮しはじめたかのような状況を思い起こすが、実はこれらはみな教室、しかも小学校の教室での様子である。最近教育現場が荒れている。中学が荒れていることはこれまでにも再三報じられ、生徒が先生を刺し殺すという、信じられないことが起きている。しかしこのような荒れた中学の下地はすでに小学校でできてしまっている。授業が始まっても教科書、ノートを出さない、テスト、配布物を破る、そして授業が成り立たないという、いわゆる「学級崩壊」は小学校での現状なのだ。なぜこのようなことになってしまったのか。元来上下関係を重んじ、特に先生と呼ばれる人に対しては学校内だけではなく、地域でも、そして社会一般に人々が尊敬の念で接してきたのが日本の特色ではなかったのか。

教育の場でのコミュニケーションには、他の社会的状況とは違った要素がある。先生と生徒という役割があらかじめ決められているということである。そこには対等の関係ではなく、「教える」、「教えてもらう」という関係が存在する。対等の関係でのコミュニケーションでは、受け手がメッセージの内容について送り手に疑問を投げかけたり、あるいは双方向のメッセージの交換を通して討論、議論をすることもある。しかし、教育の場ではこのような対等で自由なシンボル交換ではなく、教師から生徒に向けて情報の一方的な、そして批判されない送信が中心となる。そのこと自体ある程度仕方がないことだとしても、それだけで問題が生じる条件とはならない。しかし、普通とは違った上から下への一方通行的なコミュニケーションが中心となるだけに、情報の送り手である教師の責任は重大である。

たしかに畏敬の念を忘れてしまっている生徒やその親たちにも問題があるのかもしれない。しかし、先生は本来ならば貴重な情報、知識の送り手で、生徒が疑いの気持ちをもつことなく積極的にメッセージを受信したい、と思うようにさせなくてはならない。つまり、教育もメッセージの相互交換を通じて、最終的にメッセージの内容を受け手が自主的に内在化する、自己説得のコミュニケーションなのである。そのような自己説得の環境を作るためには、教師がどのようなコミュニケーションをすれば効果的なのかということについて考える必要がある。

★生徒から信用されていない先生

生徒が教科のことについてはもちろん、個人的な問題や悩みをもったとき、だれに相談するのか？　調査結果を見てみると、友人、親、教師の順番になっていて、これを見るかぎり、残念ながら先生は生徒から信用されている存在であるとは言えない。一言で「信用される教師になれ」といってもそれを実行するのは難しいが、コミュニケーションの観点から考えると教師が意識すべき点がいくつかある。

まず最初に、教師は生徒、つまり子どもの立場に立ってものごとを見ることができるか、ということである。認知の複雑性が低い、つまり視野が狭く、すべてのことを数少ない、そしていつも同じ尺度で観察、解釈、評価しようとする先生は極端に言えばすべての生徒を「よい子」、または「悪い子」としてしか位置づけしない。たとえば完全主義の先生では子どもを固い枠組みの中に入れてしまおうとする。教師という職業上、先生には生徒の評価をする仕事が課されている。その過程で、単にテストの点数だけではなく、協調性、まじめさ、子どもの得意なもの、ゆとり、積極性など、ひとりの生徒をできるかぎり多くの側面から見る柔軟性が必要である。

しかし、現実は先生自身の周囲との人間関係がうまくいかず、生徒を含めた社会からのプレッシャーに絶えられなくなり、生徒の立場からものごとを見る余裕がない教師が増えている。秦政春氏（大阪教育大学人間関係学部教授）が教師を対象に調査した結果、ゆとりがない、かりかりしている、うつ状態、ストレスなどでやめたいと悩む教師がたいへん増えているという。その原因は授業の準備、テスト問題作成、生徒の生活指導、などあまりにも多忙で他を思いやるゆとりがない（四三・九％）、同僚との人間関係に悩みをもつ（一〇・一％）、自らの力量に対して自信がもてない（八・二％）、となっており、現在騒がれている校内暴力をはじめとする子供の問題に悩む教師はわずか六・三％と、意外と低い数字になっている。このように、本来ならば生徒の手本となるべき先生が、自分自身の人間関係や日常の生活に問題を抱えているということになれば、彼らから教えられる生徒が受ける影響は無視できない。

たとえば生徒に関して問題が起こっても、日頃から同僚と気軽に話し合うことがない、あるいはできないために、それを全部背負いこんでしまい、また同僚も問題を抱え込んだ教師を救けようとするどころか、「だめ教師」というレッテルを貼る。だめ教師のレッテルを貼られるといつも冷たい目で見られたり、さまざまないやがらせに悩まされる。たとえば、その教師が職員室でお茶を配り終えると同時に同僚たちが一斉にそのお茶を流しに捨ててしまう「お茶こぼし」という、教師による教師のいじめが起こっているという。まったく信じられない話である。ついにはそのような教師は学校に行けなくなり、本来生徒の問題であったはずの登校拒否が今では先生の間で深刻になっている。

★本来の先生と生徒のコミュニケーションをとりもどす

このように、「教える」側と「教えられる」側との間にこれまでにはなかった本質的な問題が生じている。これをコミュニケーションだけの問題としてとらえ、人間関係を改善すればすべての問題が一挙に解決すると安易に考えるべきではない。教育に関する本質的な問題点の解明はこれから教育学、心理学、社会学などの分野での研究を待つ必要があるだろう。しかし、コミュニケーションの観点からもこれからの教職課程や、教師のための研修などで考え、取り入れられるべき重要な課題がある。そのうち、特に次の二点についてコミュニケーション論の立場から具体的な対策を講じることが考えられる。

①先生の論理的説得力を高める——生徒が得るべきものは情報ではなく、知恵である

人間はシンボルを使って、周囲の刺激、情報を知覚し、理解、解釈して個人的な判断をする、つまり認識のプロセスを経て意味付けを行う。教室で授業をする際、教師はそれぞれの教科で、それぞれの学年で習得することが求められる内容に沿った情報の伝達を行う。個人個人の生徒の習熟度は主に当該の情報を理解したかどうかを計る試験によってテストされる。そして中学、高校での情報の理解度を総合的に評価し、生徒の将来の進路や興味などもある程度考慮して適切な大学へと進学していく。最終的には大学で何をどのくらい学んだか、ではなく、どこの大学を卒

業したか、によってランク付けがなされ、就職が決まる。これはいまさら言うまでもなく日本的な学力、さらに言えば知的能力の評価の方法である。

問題は教師が授業を行う際、何をもって教科の内容、あるいは情報としているのかという点である。日本の教育では生徒が習ったことをどのくらいよく「覚えているか」という点で評価される。それに対して欧米の教育ではどのくらい「わかっているか」という点で評価される。「知っている」と「分かっている」の違いである。

私たちは周囲にある無数の刺激の中から関心のあるもの、重要だと判断したものを選び、それを感知し、理解したうえでどのような行動をとればよいか判断する。この選ぶ、感じる、理解する、判断するというステップを経て情報を内在化するのが認識のプロセスである。ところが日本の教育では最初から「教える」先生が「教えてもらう」生徒に代わって情報を選び、解釈までしてしまったものを、一方的に記憶させるというやり方がとられている。偏差値を少しでも上げるためには、ひとつひとつの情報に対して「どうして?」とか、「本当にそれでいいのか?」といった疑問をさしはさむ余裕は与えられない。そのようなことをすると進度に遅れをとり、与えられた時間内で学習しなくてはならない範囲がカバーできずに、その結果他のクラス、あるいは他の学校の生徒に情報量の点で差をつけられてしまう。したがって歴史であれ、地理であれ、また物理、生物、化学、どのような科目でもひとつひとつの情報が、生徒個人が自分にとってどのような意味をもつのかということを考えることなしに、とにかく与えられた情報をどんどん覚えていくことが日本の教育では評価されている。

この結果、社会のさまざまな状況で、多くの情報に注意を向けながら、それぞれの状況で適切な判断をしながら行動をすることのできる人間がどんどん少なくなってしまっている。逆に、どんな場合でもあらかじめ人が用意した「台本」がなくては行動できない、つまりマニュアル人間だらけになってしまっている。

本来日本人はいかに「気が利いているか」ということによってその人の評価が決まっていた。最近では「気を利かす」ということばそのものがあまり意味を持たなくなってさえいるように思われる。ファーストフードの店に行けば、そこで働くアルバイトの若い店員はマニュアル通りの笑顔で、「いらっしゃいませ。ご注文を伺います」と言う。これに対して試しに「ハンバーガー五十個ください」と言っても、「こちらでお召し上がりですか？」と尋ねてくる。土砂降りの日にガソリンスタンドに行けば、「洗車はどうしますか」と聞かれる。「少しは自分の頭で考えれば？」と言いたくなるようなマニュアル人間がいかに多いことか。

自分の頭を使って考えることができない日本人が多くなってしまっていることの原因の一つに、今の教育があげられることは間違いない。教育のありかたが「知っている」けれども「分かっていない」という矛盾を引き起こす原因のひとつになっている。そこで、どのような科目にしても、教師は教科書に書かれていることを淡々と、要領よく進むことばかり考えるのではなく、教科書の生の情報を生きた知識、知恵に変える工夫をすべきである。

「情報」ということばを英語にすると、一般的に information になると考えられがちだが、実はもうひとつ intelligence ということばがある。「アメリカ中央情報局」は通称ＣＩＡとしてよく知られている。これはCentral Intelligence Agencyの頭文字である。つまりCIAは、世界各地で政治、経済から、文化、教育、あるいは、気候、地質の変化にいたるまで、ありとあらゆる情報を収集している。そして、収集した事実をただ情報として貯えておくだけではない。それぞれの情報がアメリカの国益にとってどのような意味をもつのかという、知識、知恵に加工してアメリカ政府機関に助言をしたり、諜報機関として、求められれば即時適切な戦略情報を提供する準備が整っている。

日本の教育に求められているのは、単なる無味乾燥の生の情報を一方的に生徒に押しつけることではない。これではどんなに勉学意欲に燃えた人間でも情報過多を起こしてしまい、それ以上の情報を拒絶してしまう。それぞれの科目で、そのままでは意味のない情報が人間の生活にどのような意味、価値をもつのかということを、生徒が自ら解釈するように促すようなかたちで授業をすることが望まれる。そのためには先生は生の情報はもちろんのこと、それらが人間の社会、そして未来に対してもつ意味を自分自身が信念をもった知識、知恵として身につけておかなくてはならない。

たとえば、歴史の授業で単に一八六八年に江戸幕府が倒され、明治という新しい時代が始まったというだけではなく、その背景にあったことはもちろん、そのことが現代の日本にどのような影響を与えているのか、ということを伝えなければ意味がない。どんなに古い時代のことでも、それぞれの出来事が現在完了形、つまり現在とのつながりにおいてどのような意味をもつのかということの方が、単に年号を暗記したり、それぞれの事件に登場する人物の名前を正しい漢字で書けることよりもはるかに重要なのである。

このことは、歴史の授業に限らず、国語、数学（算数ではなおさらのこと）、理科、そして実質的には必修の外国語として教えられてきた英語など、すべての科目に関して言える。英語の勉強が嫌でたまらない中学生、高校生も多い。これは、体質的に受け入れられない生徒も多いのかもしれないが、なかには先生が英語という外国語が生徒の日常の生活、これから国際化、情報化がさらに進むといわれる未来の社会にどのような影響を与えるのか、ということを明確にしないからなのかもしれない。英語を学ぶ意義、英語ができることによって可能になる考え方、それが人生に与える影響など、大まかな枠組を作り上げて、生徒が英語を学ぶことの意義についてきちんと納得する前から、いきなり五文型だの、冠詞、前置詞だの、難しいことばを並べ立てられると、当然生徒はそれまでもっていたやる気まで失ってしまう。

教師は生の情報に加えて、それぞれが生徒が今生きている世の中、さらに未来の社会にどのような意味をもつのかを明確にし、そして生徒が自主性をもって情報に意味付けができるような環境を作ることが求められている。そのためにはこれまで述べてきた教育の内容に加えて、次に述べる教育でのコミュニケーションの方法についても考えなくてはならない。

②生徒の自己説得を促進する――ダイアローグを通じた知識の共有、つまり「共育」が必要

一八六八年に明治維新が起こったという「事実」は、これから先、何年、何百年後も変わらな

い。しかし、毎日世の中の様子がめまぐるしく変化する現代においては、この事実がわたしたちに対してもつ意味は常に変化している。人間が火を使うようになって、多くの二酸化炭素を排出するようになった、という事実は時代がどのように変化しても変わらない。しかし、人口が増え、産業が発展し、森林が伐採され、二酸化炭素の排出も昔の比ではなくなった現代、このままでは地球の大気の温度が上昇し、海の水位が上がって陸がなくなってしまうかもしれない、という同じ事実がもたらす意味は昔から大きく変化してきた。

このような未来の予測に基づいて、われわれは今何をどうするべきなのか、というのは事実ではなく、事実をもとにシンボル行動によって未来を予測し、現在の行動を調整するというまさにゴール設定の一例である。このような事実がもたらす意味は、事実そのものに付随するのではなく、ひとりひとりの人間が事実を内在化し、つまり個人的なものにしてそれを他の人間と共有することによってはじめてその真実性が確認できる。この真実性、確実性の確認こそが教育に求められている重要な目的である。

この真実性の共有を可能にするのは、今の日本の教育で行われている、先生が準備した教材を一方的に生徒に伝えるというモノローグ式の授業ではない。先生が生徒に自分で考えさせ、そこでわきあがる疑問について意見を交換し、「あーでもない、こうでもない」というやりとり、つまりダイアローグ式の授業によってはじめて可能となる。ダイアローグのプロセスにおいては、先生は準備しておいた教材に調整を加え、生徒から出される質問、意見によっては予定を変更して教材の進め方も変えなくてはならない。また、どのような質問に対しても一応の答を出さなくてはならないわけだから、それだけ入念な教材の準備が必要である。

具体的な例を使って考えてみよう。英語を専攻する学生でもたいへん不得手とするのが、英作文である。国際社会で英語を使う能力を習得するためにはどうしても正確で、説得力のある英語の文章を書く力が不可欠である。しかし、中学で英語を習いはじめた頃から英作文が苦手で、しかも嫌いであるという生徒は少なくない。たしかに与えられた選択肢の中から適当な答を選ぶ、というやり方に比べると、ゼロの状態から自分で文を作る作業にはかなりの労力が必要である。

しかし、英作文が好きになれない最も大きな理由が、「生徒が作った英語の文を先生が添削してくれるのはありがたいが、最終的には先生が準備した文を否応なく覚えなくてはならないから」だそうである。たしかに、英語の授業では、先生が最終的に「正解」(しかも唯一の)として黒板に書く英文を、一心不乱にノートに書き写す生徒の姿が目に浮かぶ。「同じことを伝えるにもいろんな言い方、書き方があって、これはそのほんの一例にすぎない」と言っても、それまで先生の唯一の正解を記憶することを習慣としてきた生徒は、「試験では先生が黒板に書いた英文だけが正解」という窮屈な考え方をしている。これも日本のモノローグ的な授業の弊害なのだろう。

教育というコミュニケーション・コンテキストでは、強い立場にある先生の方から、弱い受け身の立場にいる生徒の方へ、つまり水が高いほうから低いほうに流れるように情報が一方的に流れるのはある程度仕方がない。特に日本のようにひとりで目立つことをすると「出る杭は打たれる」ために、意見の対立が生じて仮に自分の考えには信念をもっていても全体の和を乱したり、自分が孤立することを恐れるあまり、「長いものには巻かれろ」という文化的土壌では、自分よりも上の立場にあるものと積極的な議論をするという風潮はなかなか生まれない。

情報の一方的な流れ、つまり先生のモノローグ中心の授業を打開するにはかなりの時間と努力が必要だろう。また、ダイアローグ式の授業を行うには、これまで生徒から信憑性が問われたり、積極的な、そして時には攻撃的な議論によって挑戦を受けたりすることのなかった、教師側の痛みもともなうかもしれない。しかし、意見の交換を通してはじめて事実がもつ意味を共有することができるということを考えると、これはどうしても通らなくてはならない道なのである。

教育とは先生が一方的に生徒に情報を伝えるのではなく、与えられた情報をもとに一緒に考えて、それがもつ意味を共有する、先生と生徒が共に学ぶ、つまり「共育」のプロセスなのである。日本の教育を変革するためにはカリキュラムを変えたり、週休完全二日制の導入によって生徒にゆとりをもたせることも大切かもしれないが、教育そのものに対する考え方の本質的な改革が望まれる。

そのためには教職課程に、将来先生になろうとする人たちの人間コミュニケーションに関する知識を豊かにし、同時に実際の能力を身につけてもらうような改善が必要である。コミュニケーションの基本的な概念、説得の理論、意志決定のメカニズム、コミュニケーション・コンピテンスの概念などが理論的な側面である。

スキルの側面としては効果的なプレゼンテーション、ディベートや、リスニングなどの能力が考えられる。現在の教職課程では、教科教育法で教材開発、教案作成、評価法などについて通り一遍の教育がなされ、そのままわずか二、三週間の教育実習に放り出されるという形になっている。実際の生徒とのコミュニケーション、特にダイアローグ式の授業を通して事実がもつ意味を共有することを実際に体験するのは、教員になったずっと後になってからのようである。中にはそのようなことを一度も体験することなく定年まで同じことの繰り返しで終わる先生も少なくないのではないだろうか。先生の先生による、同僚相手、そして生徒を相手とした人間関係を根本から考えてみる時期がきている。

男と女のコミュニケーション

結婚しない、いやできない人が増えている。前述のお見合いツアーでの出来事を再び思い出してみる。その日は二十五歳位から、上は四十歳までの、男十三人、女十三人の参加者がいた。風薫る五月の日曜日、天気は最高、目的地も日帰りに最適な、そして雰囲気も抜群のテーマパーク。条件はすべて整っている。お見合いツアー、題して「もしかして……」の出発。

氏名、誕生日、大まかな職業、趣味、そして相手に望む条件などを簡単に書いた「資料」を手渡され、バスへと乗り込む。席順は自分で引いた番号札に従うが、女性が窓際で、男性が通路側、つまり、男女が並んで座るという、旅行主催者の心配りである。都心からしだいに海岸線が見える郊外へとバスが進むころ、「もてるコミュニケーション講座」と題して、「自分を相手に開くこと、新しい相手との出会いは、新しい自分との出会い」などの話をした。

主催者の心配りは周到で、約十分毎に男性がひとつずつ席をずれる。そうすると目的地に到着する頃には十三人の男性一人一人と、十三人の女性の一人一人とが出会う機会が与えられる。その他、目的地でプロのアーティストにペアで似顔絵を描いてもらえる券を用意し、希望者に抽選でプレゼントする。また旅程の最後はホテルのスカイラウンジで美しい景色を眺めながらお酒を飲み、お目当ての相手と今後のことについてゆっくりと話をしてもらうという、いたれりつくせりの気の回しようだ。

さて、結果はというと、その日意気投合して誕生したカップルの数は、ゼロ。その後、もしかしたら連絡を取り合うことがあるかも知れない、と予想して電話番号を交換したペアが一組だった。もちろん、いくら条件が整い、相手を見つけるために行ったツアーだと言っても、こればかりは相性、好みの問題なので、必ずしもペアが誕生するとは限らない。しかし、その一日の男女のコミュニケーション行動を見ていると、「もしかして……」、というより「やっぱり……」と呼んだ方が適当なのではないか、と思われる点がいくつも目についた。

世の中の半分が男で、半分が女という状況は、人類の歴史が始まって以来ほぼ変わらない。そして、男と女が出会い、同性の相手との出会いとは違った感情を経験し、いつかそれが異性愛へと変わり、ひとつ屋根の下で生活をはじめ、生涯共に暮らすことを約束する。さらに、子孫繁栄のために子供を作り、育てていく。考えてみれば結婚を前提とした、適齢期の男女の出会いにはたいへんな可能性が秘められている。そんな大事な出会いだからこそ、やはり後悔しなくてすむような男女の人間関係に向けて、意識的にコミュニケーションを向上させる努力が必要なのだろう。

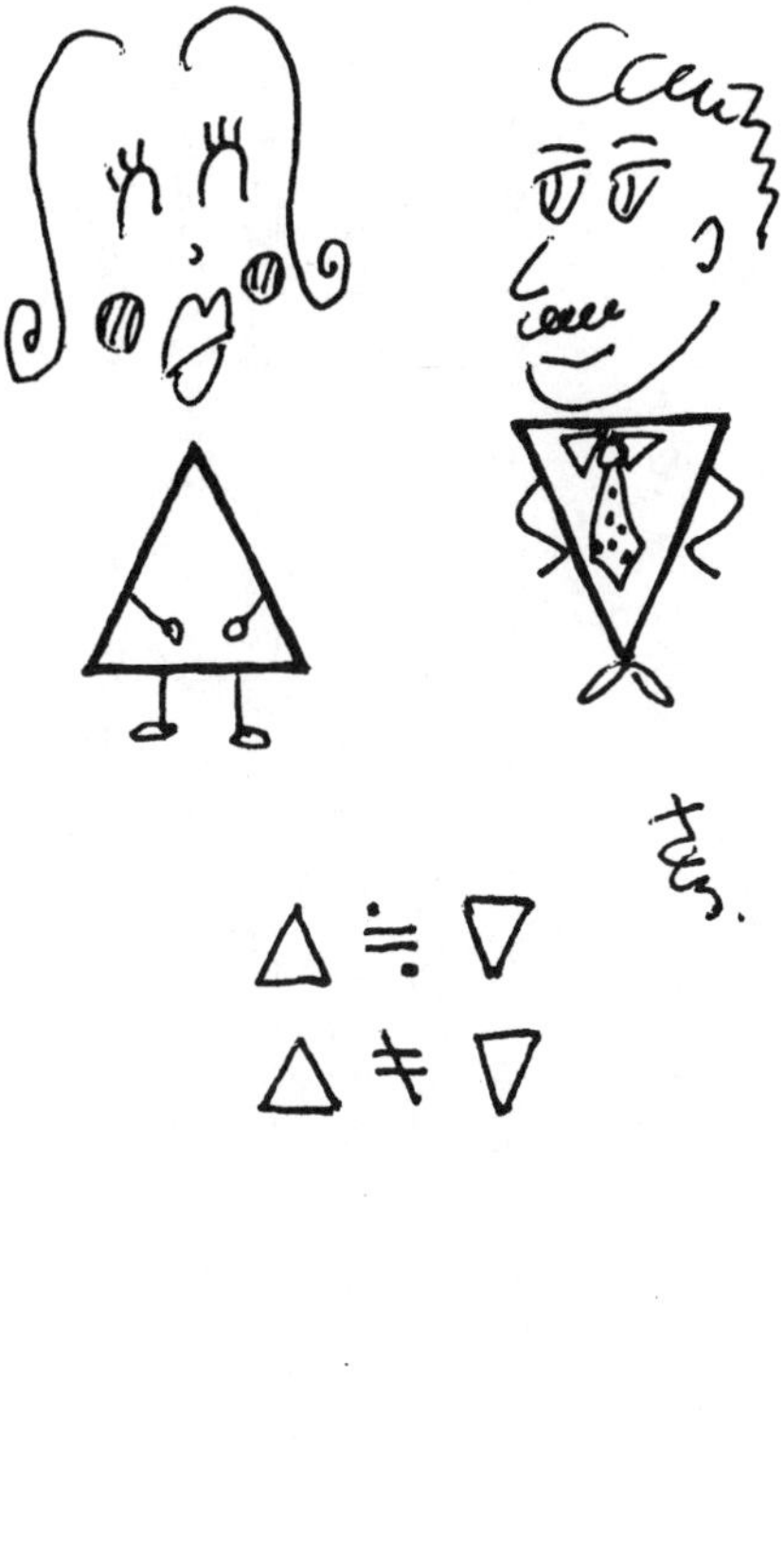

「もしかして……」の一日に代表される、昨今の男女のコミュニケーションに関して、注意、努力が必要と思われる点が三つある。

①男と女は似たところもあるが、やはり違う生きもの

男と女の間には生理的、社会的、そして文化的な相違がある。コミュニケーションに限って考えてみると、一般に男は論理的思考を重視して、あまり多くは語らずに、しかし自分の考えを通すことを最重要目的とする行動が目立つと言われる。これに対して、女性は感情的で、言語、非言語ともに多くのメッセージを使って、相手との関係に重点を置いたコミュニケーション行動をとると考えられている。もちろんこれらのステレオタイプが世の中の男女すべてにあてはまるわけではないが、お互いの特徴について一応の理解をしておくことが男女の人間関係発展のためには大事な鍵を握る。

では、「論理的」、「感情的」とは具体的にどのようなことを指しているのだろうか。これはもちろん男性だけがものごとを論理的に考え、女性にはその能力がないとか、逆に感情を察知したり、それを表現することができるのは女性だけであるということではない。一般的に言って、男と女ではコミュニケーションに対する考え方、姿勢、つまりそれをどのように見るかという点でいくらかの相違が見られる。

男性はコミュニケーションを何らかの目的を達成するための手段としてとらえるのに対して、

女性はコミュニケーションすることそのものが目的であると感じることが多い。男性にとってのコミュニケーションは、自分の考えを相手に伝えたり、逆に相手に関する情報を手に入れたり、また相手との人間関係を発展させ、さらには意志決定、説得、意見対立などの状況をコントロールすることなどの道具である。

女性にとってのコミュニケーションとは、その先にある目的を達成するというより、相手に自分の気持ちを伝えたり、あるいは伝えようとするために出会う、つまり気持ち、感情を表出するための手段である。この違いのために、男が女のコミュニケーション行動を見ると、何も明確なゴールが見えないまま、つまり方向性が定まらずに断片的に自分の気持ちを表現するだけで、「論理性がなく、感情的である」と映る。女は男の社会行動を見て「微妙な気持ち、特に恋愛感情をいつも理詰めで考えようとする、不粋なやつ」に思えてくる。

どのようなコミュニケーションでも、相手の立場に立ってものごとを考える共感は非常に大切である。しかし、男と女との間には、どうしても簡単に越えることのできない、透明の壁があると考えたほうが安全なのだろう。越えることができないのに、「君の気持ちはよくわかる」というのは無責任な言い分である。

この他にも男女のコミュニケーションの相違は多いのだが、自分とは違ったものを見ると、人間だれでも最初は躊躇したり、あるいは否定、拒絶しようとする。男と女、どちらが優れているのかという価値判断をすることには何の意味もないどころか、豊かな男女間の人間関係など望めない。ただ、男と女との間には社会的、文化的な違いがあることを認識しておくことは、自分のコミュニケーション行動をモニターしたり、相手との人間関係を客観的に見る上で大きなプラスとなるだろう。

②出会いは自分で作るもの

今回のお見合いツアーで気が付いたもうひとつの点は、「出会いを待つ」男女がいかに多いか、ということだった。雰囲気抜群、五月晴れ、料理も最高、それに何といっても出会いを求めて集まったはずの男女のグループなのに、なかなか自主的に出会いを作ろうとする人が少ないのはどういうわけだろうか。

ホテルのランチバイキングでの様子。昼食を取るまでにはバスの中で少なくとも五、六人の相手と表面的であるにしても一応の顔合わせは済んでいるはず。お盆に好きな料理を乗せて、もう少し何か話をしたい相手のところに行って「ここ空いてますか?」とか、「さっきの話の続きなんだけど、」とか言って同じテーブルに座って話しかけようとする人がほとんどいない。男同志、さらに男一人で寂しそうに食事をしている姿は忘れられない。

このような光景はこの後、最後にバスを降りて解散するまで、いやその後何人かで打ち上げということで一杯飲みにいくまで終日続いた。誰かから話しかけられるのを待っている、という消極的な態度が目についた。テーマパークでの自由時間の間でも、男が2、3人でぶらぶらと歩き回ったり、女だけでお茶を飲んだりという状態だった。大体この調子で一日が過ぎ、結局「もしかしたら素敵な相手に会えるかもしれない」という淡い期待はかなえられないまま家路につくという結末だった。

いうまでもなく、いくらお見合いツアーでも、最初に出会ったその日に婚約だの結婚だのといった話になるわけはない。結婚というのは何かのきっかけで出会った男女が、しだいにお互いに魅力を感じ、人間関係が発展していく過程の中のひとつの通過点と考えるべきなのだろう。それなのにどうも世の中の多くの人たちは「一発」をねらいすぎているように思える。自分の方からひとりでも多くの人と出会って、いろんな話をして、今後また友達を誘っていっしょに飲みに行くとか、ボーリングに行くとか、何かそういう過程を経て人間関係を発展させていくことを考えるべきであろう。一発ホームランを狙うがあまり、三振ばかりしてしまう。シングルヒット、あるいは内野安打をねらって、またいくらかの危険を承知で少しでも前に進もうという態度がなくてはなかなか出会いは作れない。

③失敗を恐れずに自分を開く

どのような出会い、その後の人間関係の発展にも自分の内面を相手に開く、つまり自己開示のプロセスが大なり小なり含まれるものである。お見合いツアーのバスの中での男女間のやりとりを聞く限りでは、上手な自己開示ができていないと感じた。自分の仕事や、趣味は人間関係の発展段階のごく初期に行われるスモール・トークのためのトピックは提供してくれても、その先の、相手と親密な、そして特別な関係を築くきっかけにはなかなかならない。

自己開示とは、意図的に相手に伝える努力をしなくては伝わらない自己に関する内容を言語、非言語コミュニケーションを通じて相手に伝えるプロセスである。いきなり自分のごく深い部分、たとえば過去の秘密や、身体、性行動などに関することを話しだすと、どんな相手でも逃げ出してしまうだろう。しかし、いつまでも表面的なことだけ話していても同じように相手は逃げてしまう。相互に同程度の内容の自己に関する情報を交換することによって、初めて親密な関係の足がかりを築くことができる。

新しい人との出会いを通して、これまでに気が付かなかった自分の新しい側面に気づく。つまり、人との出会いを通して新しい自分との出会いがある。人との出会いを積極的に求めない人は自分という人間を十分に、そして正確に知る可能性をみずから放棄しているといえる。自分を正確に把握していなければ人との出会いにも不安を感じる。だから新しい出会いには積極的になれない。そして自分を知る機会を失う、という具合に人との出会いと自己認識との間には密接な関係があって、どちらかが傾けば他方もうまく行かないという悪循環に陥ってしまう。

逆に、出会いを求めることと、自分を正確に理解し、自信を持ち、それが周囲から見た魅力を生み出すこと、との間にも相関関係がある。ということになれば、人生「だめもと」でひとりでも多くの人に出会えるような、積極的な努力が望まれる。一生の間に人と出会う時間は限られている。機会を無駄にしないで、出会いを求める、いや作るような積極的な自分を目指すべきだろう。

男女の出会いには、同性同志の出会いには見られないような興奮、期待、失望など、多大な感情エネルギーを必要とする要素が多く含まれている。また、男女の社会的な違いからくる未知の部分も男女間のコミュニケーションに神秘性を加える。異性との出会いは一種の異文化との出会いである。自らを異文化に置くことによって、これまでには気づかなかった自分の特徴、長所、短所などを知ることができる。もちろん新しい自分との出会いには、知りたくない自分との出会いも隠されているので、人との出会いには多くの勇気も必要だろう。しかし、これらの出会いを通して初めて自分自身を正確に理解できることを考えると、未知数に満ちた男女の出会いは、新しい自分との出会いということに対して無限の可能性を秘めているとも言えるのだ。

「そのうち何とかなる」では何も変わらない

教育、男女のコミュニケーションを例にとって考えてきたが、シンボルを介してコミュニケーションを行い、人間どうしが出会い、関係を発展させ、夫婦、親子、兄弟、教師と生徒、等など、人間関係のあり方について考えなくてはならない状況は際限ない。友人間、男と女、先輩と後輩、上司と部下、医者と患者、またこれからの高齢化社会では世代間コミュニケーションや、介護者と被介護者、それにその家族など、これまでにはあまりなかった人間どうしの関係が展開される状況も増えてくるに違いない。さらに、通信、運輸技術が発展するにつれて、世界はますます身近なものとなってきている。ことばや習慣、宗教など文化的背景が異なる相手との接触も日常的になることも予想される。

このような社会で、しっかりとした自分をもち、さまざまな相手との人間関係に自信をもって臨み、そのことからまた新たな自分を作るということは大きなエネルギーを必要としている。しかし、こればかりは人に任せておけばそのうち何とかなる、というものではなく、自分で問題に気付き、前向きな態度で、自分自身を発展させていこう、という気持ちにならなくては何も変わらない。

欧米の文化が、個人の意志、努力によって環境をも含む周囲の状況を自分の都合に合わせて変えていく、「する」文化と考えられているのに対して、日本は「なる」的発想で動いていると位置付けられている。両者に優劣をつけることは難しいが、時と状況によってはその両方を取り入れた行動が望まれる。

日本では、めでたく婚約した男女が「今度結婚することになりました」と言う。バスの運転手は「ドアが閉まります」、代議士は「国会で決まった」、と言う。レストランに行くと、ウェイトレスが「こちらがメニューになります」と言いながら、どこからどう見てもすでにメニューの形をしたものを持ってくる。これらの表現に対して、「だれが結婚するんだ?」「ひとりでに開いたり閉まったりするドアがあるのか?」「法案が自分のほうから出てきたのか?」「いつメニューになるんだ?」などと言うのはあげあし取りというものだろう。

しかし、ことばは文化を表わし、さらにそのことばを使う人の考え方、行動に大きな影響を与える。ということを考えると、常に、このように「なる」表現をしていると、知らず知らずのうちに自分の人間関係を含むすべてのことが自分ではコントロールすることのできない、見えない力によって左右されているという考え方が身についてしまうかもしれない。そのうち、コミュニケーションでうまくいかないことがあっても、「仕方ないさ」、「なるようになる」と考え、自分で人間関係を改善する努力を放棄してしまうこともありうる。

自分の日頃の人間関係を問題意識をもってもう一度見直し、コミュニケーション行動をモニターすることが求められている。

7　コミュニケーションの新しい認識

——考える人間をつくる——

コミュニケーションは単に人間どうしの情報の伝達の手段にとどまらず、動物としてのヒトと、社会生活を行う人間との境界線である。ヒトとして生まれてきた私たちは、周囲の人間とさまざまな状況で、多種多様な関係を築き、自分自身を理解し、その自己認識に基づいて自分を表現し、初めて人間へと成長する。コミュニケーションはシンボルを介して人間にだけ与えられたこのような能力を実現してくれるプロセスなのだ。また、コミュニケーション能力は歳を取るにつれて自然にうまくなるものではなく、ひとりひとりが自発的、かつ積極的に努力してうまくするものでもある。

だとすれば、コミュニケーションをどのようにとらえて、どのような角度から努力することが求められているのだろうか。コミュニケーションを情報伝達のための道具としてとらえる前に、伝える情報を作り出すプロセスとしてとらえる。つまり人間のコミュニケーションが「考える」ということとどのように結びついているのか、ということを自覚しておきたい。コミュニケーションを「問題解決」のためのシンボル活動のプロセスとしてとらえて、よりよいコミュニケーターになるために歩むべき道程を考えてみることにしよう。

日本で英語を教えているアメリカ人、イギリス人、オーストラリア人などのネーティブスピーカーたちが日本人生徒に対してもつ不満は、「せっかく会話教室に通っているのに自分で考えて会話を発展させていこうという気持ちが見られない」ということである。その典型的な会話を日本語にすると次のようなものになる。

先生：「昨日は何をしましたか？」
生徒：「新宿に行きました。」
先生：「新宿で何をしましたか？」
生徒：「〇〇デパートにいきました。」
先生：「〇〇デパートで何を買いましたか？」
生徒：「シャツと帽子を買いました。」

これだけのやり取りが英語でできれば大したものじゃないか、と思われるかもしれない。外国語の能力を「話す」、「聞く」、「書く」、「読む」の四技能に分けて考えることは多い。しかし、ここでもう一つ肝心な能力が抜けている。それは「考える」、である。ただ聞かれたことに返事をするだけでは、コミュニケーションをしているとは言い難い。「昨日は何をしたか？」という問に対して、「私は新宿に行ったけど、先生は何をしましたか？」と答えれば会話、対話、さらには先生との人間関係を発展させようと考えていると言えるのではないか。

「コミュニケーション」とは自分の気持ちを相手に伝えるための道具、記述であるという認識をしている人は多い。確かにこれはコミュニケーションの一つの側面であり、これがうまくいかなくては家族どうしの人間関係、先生と生徒の関係、また男女の関係も決してうまくはいかない。しかし、コミュニケーションを単に道具として捉えると、その道具を使って伝える中身のことをおろそかにしがちである。「どのようにして」伝えるのかということを心配する前に、一体「何を伝えるのか」、伝える内容をどのようにして作るのかということに関心を向ける必要がある。

また、どんなにうまくいっている人間関係にも問題は生じる。それをどのように認識、解決するのか、お互いをいかにして納得させるのかという、問題解決能力、そしてそれを相手に伝えて納得させる能力は人間関係を維持、発展させる上でもきわめて重要な役割を果たす。

感情的な日本人?

外国の文化、特に欧米人と日本人とを比較する際、必ずといっていいほどあげられる違いの一つが論理的な欧米人に対して、「感情的な日本人」である。これはどのようなことを指しているのだろうか。自然の営みから、社会の動き、つまり、家庭、学校、ビジネス、政治、そして男女の関係にいたる対人関係を含む、自分の周囲の状況をどのようにとらえているかの違いだろう。

欧米の人間(もちろん例外はたくさんいるが)には、何が、だれに、どこで、いつごろから、どのようなわけで、どのように(5W1H)影響を与えているのかということを、理屈で納得しようとする傾向が強い。そして、自分で理解したことをコミュニケーションを通して、周囲の人間にも納得させようとするのがほかでもない、西洋のレトリックの使命である。

これに対して「なるの文化」と呼ばれる日本人は、状況を与えられたものとして受け取り、「何となく○○になった」と、細かいことをひとつひとつ分けて考える代わりに、全体を雰囲気で感じ取ろうとする。そのプロセスの中で、何がどうなったのかという因果関係はそれほど大切ではないし、それを知ったところで、自分でその状況を変化させることなどできないと考える。

また、それぞれの人間の理解、考え方、感じ方は個人的なものでこれを他人に理解させたり、さらには納得させたりというのは押し付けがましいといって嫌われる。周囲の状況を的確にとらえて論理的に分析する能力は確かに政治、経済、司法、ビジネスなどの世界では尊重される。だが、対人関係を含んだ日常の生活を理詰めで考える人は「冷静な」、また「弁の立つ」人として表向きは一応の評価はされても、裏では「理屈っぽく」、「口やかましい」人として煙たがれる傾向にある。

過度な一般化は危険であることを承知の上で考えてみると、日本人と欧米人との考え方の特徴の違いはざっとこのようになる。「国際化社会」、「情報化社会」ということばがいろいろな場面で使われるようになって久しいが、ではそのようなめまぐるしく変化していく世の中で、ひとづきあいを含む社会の問題を論理的に考えるということはどういうことなのだろうか。また、そのこととコミュニケーションとの間にはどんな関係があるのか。人間のみが使えるシンボルを介したコミュニケーションを通して、豊かな人間関係を築く一環としての「考える」、そしてその考えを人に伝える、プレゼンテーションについての理解を深めたい。

幼稚な日本人——「知っている」と「わかっている」の違い

日本人が外国に行くと若く見られることが多い。大学2、3年で留学しても、たいてい高校生、時には中学生にさえ見られることがある。特にアメリカなどでは日本人学生が周囲と比べて体は小さいし、またかわいらしい顔をして、おまけに服装もアメリカ人の中高生が好んで着るようなものを身に付けている。「中学生か?」と言われて「わー、若く見られた」と言ってきゃっきゃ喜ぶ。さらに幼く見られる。「いや、本当は二十一歳の大学生だ」と言ってみても「子供には酒は出せない」とレストランでビールを飲ませてもらえない。しかし、本当に外見だけで若く見られているのだろうか。

海外での生活が長くなるにつれて、歳よりも若く思われるのはかわいい洋服と、童顔だけのせいではないことに気付く。考え方、いや「考える」ということに対する気構えが幼稚、甘いようだ。日本人は何を考えているかわからない、とよく言われるが、正直なところ日本人自身何を考えているのかわからない、というところではないだろうか。

欧米の家庭、学校での教育では、自分のことについてはもちろん、周囲のことについて幼いころから単に事実を覚えさせるだけではなく、与えられた事実に対してひとりひとりがしっかりとした理解、解釈、評価をするように心がけられている。逆に、「どう考えるか」ということに時間を割くために、アメリカなどでの教育では肝心の事実の伝達にかける時間が足りていないという欠点もある。平均的な日本の中学生に比べると、アメリカの中学生は地理や歴史、それに数学などの分野での情報量が少ない。しかしその反面、もっている情報に対する個人的な解釈という点では日本人の子供をはるかに上回っている。小学校のころからクラスの前で自分の考えていることについてスピーチして、みんなに聞いてもらう。聞いているほうも積極的に質問して、時には議論に発展したりもする。

これと比べてみると、日本の教育はあまりにも「いかにして多くの情報を記憶するか」ということに重点が置かれていて、その情報をどのようにして利用するのかについてはほとんど考えられていない。大学入試に代表される評価方法は、「それらの情報を記憶しているかどうか」、であって、決して「情報を真に自分のものにしているか」ではない。「知っている」と「分かっている」の差がここにある。多くのことを知っている人はテレビのクイズ番組では高い点を獲得することができるかもしれないが、ではそのような人が必ずしも政治、経済、ビジネスなどの分野で常に適切な判断の元に的確な行動をとることができるかどうかはまた別問題である。

最近の日本人はどうも自分の気持ちを表現することすらあまり得意としていないように思われる。自分自身の気持ちを表わすにも「めちゃめちゃうれしい」とか、「チョームカツク」など日本語の文法からやや逸脱したとしか思えない表現しか使えないし、そもそも感情表現が豊かであるはずの日本語の語彙力が低下している。擬声語、擬態語などによって何とか最低限の感情表現はできているものの、論理的思考を行うためのことば、語彙が低下し、世界の動きはおろか、自分自身の人間関係に関する問題処理能力が低下している。では、この問題を処理する能力とは具体的にはどのようなことを指しているのだろうか。

問題解決思考とコミュニケーション

進学、就職、結婚などの人生の進路に関する問題、人との出会い、意見の食い違いなど対人関係に関する問題、収入、貯蓄、消費などの金銭に関する問題、また、人事、宣伝広告、改組など組織に関する問題、という具合に人間の営みにはさまざまな「問題」が山積している。「問題」とは、一般に、目標とする状態と現在の状態の間のギャップを意味する。認識、ゴール設定、知的分析、想像力などを駆使してそのギャップを埋める、あるいは狭めるプロセスが「問題解決」である。言い換えれば、問題解決とは、何らかの問題を含んだ、現在満足していない状態を、少しでも満足できる状態に変換することである。

問題解決に含まれる、認識、ゴール設定、知的分析、未来のことを想像してみる力、また過去のことを振り返ってみる能力は、人間だけが持つシンボル活動、つまりコミュニケーション能力によって可能になるものばかりである。動物も自然環境を敏感に感じ取り、たとえば夏の間に多くの栄養を摂取したり、近づいてくる敵から身を守るために自分自身の体の色を変えるなど、とても人間にはまねできない鋭い本能を持っている。言うなればこれも問題解決の一種なのかもしれないが、周囲の刺激、情報に「意味」を与え、過去の経験と比較し、未来の理想のためには現在の行動さえもコントロールするという人間のシンボル活動とは本質的に異なる。

常に向上心をもち、多くのことに対して問題意識をもち、そしてその問題を解決しようとする

自己モニターチェック７－１

あなたは文化人類学者

あなたは文化人類学者で、たった今調査のためムバウィ島に到着しました。これからの三年間この島で原住民とともに生活をし、彼らの文化についての本格的な調査を始めるところです。ムバウィ島にはヌガワ族とズウンビ族とが住んでいます。彼らは人種的には同じなのですが、文化的な特徴としてひとつだけ大きな違いがあります。それはヌガワ族は習性として必ず本当のことしか言いません。それに対して、ズウンビ族は絶対に本当のことを言いません。その特徴を除いては彼らを識別することは不可能です。さて、あなたが船から荷物を降ろしているところに３人の男が近づいてきて次のような話がされました。

あなた：（最初の男に向かって）あなたはヌガワですか、それともズウンビですか。
最初の男：（答えは判別不可能）
あなた：（２番目の男に向かって）彼は今何といいましたか。
２番目の男：　彼は自分がヌガワだと言いました、そして彼は本当にヌガワです。
３番目の男：　いや、そうじゃない、彼はズウンビだ。

さて、ヌガワ族、ズウンビ族についての情報と、この会話の内容から３人の男がそれぞれどちらに属するか明らかなはずです。答えてください。

最初の男は＿＿＿＿＿＿＿＿＿である。
２番目の男は＿＿＿＿＿＿＿＿＿である。
３番目の男は＿＿＿＿＿＿＿＿＿である。

（正解は 236 ページ）

人間のシンボル行為は、私たちの日常の生活の中でもいろいろな場面で応用ができる。大学の授業でテーマを決めてレポート、論文を書く。社会人となってプロジェクトを企画し、営業促進計画を立てる。好きな人に気持ちを告白する際のコミュニケーション行動を考える。子供の教育、しつけをするために効果的と思われる環境作りをするなど、これらはすべて現状と理想とのギャップを埋めたり、狭めたりするために行う、問題解決行動である。

では、人間にしかできないシンボル活動としての問題解決のプロセス、メカニズム、またそのプロセスで予想される問題、それらの問題の対処の方法とはどういったことなのか。これらのことについて客観的な知識を持ち、その知識を積極的に実践に生かす努力をしなくては、せっかく人間に与えられたユニークな能力を十分に生かしていないことになる。

問題解決の第一歩はまず不思議を感じること

二十世紀初頭、イギリスの論理学者デューイは人間が問題解決のプロセスで、「考える」ということ、そして問題を解決するということは、次のステップを踏むことであると提唱した。このデューイの考え方はその後、教育、政治、企業などでの問題提起と解決、さらには軍事戦略を立てるような際にも広く応用された。アメリカのデミング博士によって企業内での生産性と品質管理、向上のために普及したクォリティ・コントロール（ＱＣ）活動もそのひとつである。

1　不満、不快、不安を感じる。

「何か変だなー」、「おかしいなー」と感じることが問題解決の第一歩である。現状について何らかの問題点を感じるということだ。この段階ではまだ何が原因で、実際何がどのように問題なのかを論理的に分析するのではない。ただ、何かが何となくおかしい、と感じたら、「ま、いいか」で済ませるのではなく、何かがおかしい状態を正常にしたい、という動機をもつことが大切である。

これまで親しくつきあってきた相手との関係が、「何となく最近変だ」と感じたら、そこで、「なぜなんだろう?」とか、「相手も同じように思っているのだろうか?」とか、「このままでいいんだろうか?」などさまざまな角度から疑問を投げかけてみて、不思議に思う、感じるという気持ちをもつ。「どうせ自分一人ではどうすることもできないんだから」とか、「そのうち何とかなるだろう」という態度では、何も変わらない。

2　問題点を認識、理解する。

何かがおかしい、と感じたらそれを感情のレベルから知のレベルに移す。問題の内容、原因、程度、今後予想される展開などを論理的に分析するのがこの段階での作業である。最初の段階で何となく問題を感じていたことを、この段階では自分の過去の経験、周囲の人達のこれまでの経験、あるいは文献や講演、テレビ番組などで公開される専門家の見解などと照らし合わせてみて、今遭遇している問題の本質を客観的、論理的に特徴づける。個人の場合でも、企業をはじめとする組織、あるいは国レベルの意思決定に際しては、十分でかつ正確な情報を収集して個々の問題点を綿密に分析することが求められる。

最近、インターネットを中心としたコンピューターによる情報収集によって、かつては想像もしなかった速さと正確さで膨大な情報を入手することができるようになった。しかし、このようにして集めてくる情報はあくまでも生の情報、つまり個人化されていない一般的な、そのままでは何の意味もないものだ。生の情報に的確な意味づけを行い、情報を加工して知識に変換しなくては、せっかくの膨大な、そして潜在的には貴重なデータも役に立たない。Information と Intelligence の、そして「知っている」と「分かっている」との違いである。

3　解決策を模索、決定する。

①問題解決の枠組みを決める。

問題の本質を客観的情報と、冷静な分析力によって明確にしたところで、解決策を講じる段階へと進むが、まずは解決策の枠組みを明確にする。枠組みとは解決策が満たさなければいけない条件、超えてはいけない限界を指す。

たとえば夫婦と子供二人の家族があるとしよう。夫が転勤となり、現在の住居からの通勤が不可能になる。家族が同居し、夫は現在の仕事を続けるという、目標とする状態と、現状との間にギャップがある、「解決されるべき問題が存在する」状況である。

そこで、解決策を模索する前にそれが満たさなくてはいけない条件や、超えることのできない物理的、精神的、経済的、社会的、倫理的などの制限範囲を明確にする。

遠くの勤務地に通勤するということは時間、距離という物理的条件に合わない。夫が単身赴任をするというのは家族の絆、夫婦間の関係といった精神的、社会的条件を考えると望ましいとは言えない。また、「家族のことを考えてくれない会社なんか辞めてしまおう」という案は、これからの一家の生活のめどがたたなくなるという点で、経済的な条件を無視している。もちろん、「ちょうどいい機会だからこの際家族を解散しよう」という策（そんなことを考える人はあまりいないとは思うが）は、人間の倫理にかなっていない。

すべての条件を満たすということは不可能な場合が多いので、結局は条件に合わない部分、枠組みを超える程度を最小限にし、目標とする状態に最も近いところに落ち着く。今の例でいえば、夫（父親）が「一生家族が離ればなれで暮らすわけではない。またみんなで一緒に生活ができるようになる」と自分を納得させて単身赴任する場合が圧倒的に多いのだろうが、言うまでもなく、家庭内のコミュニケーション、人間関係という点から見れば百パーセント理想的な解決策ではない。

このように解決策が最初からある程度予測される場合は、あらためて条件、枠組みを明確にする必要はないかもしれないが、特に複数の人間で問題解決をしようとする場合にはこれらを明確にして、全員が合意しておくことが大事である。議論が逸脱しないためにも、またあとから感情的になったり、お互いの気持ちを傷つけるといった、人間関係そのものに悪影響を与えないためにも、解決策の枠組みを話し合っておくことには大きな意味がある。

②問題の原因を取り除くのか、兆候を抑えるのかを明らかにする。

ひとことで「問題を解決する」といっても、問題のどの部分に対処するのか、ということによっては、解決策の本質、その実施の方法が異なる。問題を根っこから取り除くことを目的とするのなら、問題の原因を究明し、それに対処する方法を考える。それが不可能であったり、あるいは原因があまりにも多岐にわたるような状況では、とりあえず対処療法的な問題解決が適している。たとえば、異文化で満足に適応できないという問題。留学、海外赴任にともなう本人、家族の異文化不適応は、ときとして重大な結果をもたらし、本人はもとより派遣する学校、企業にも大きな損失を与える。外国という文化、習慣が異なるところでうまく順応し、勉強、仕事に励むことができる準備をするということは海外での生活の成功を左右する鍵を握っている。

そこで、海外不適応の問題を原因のレベルで解決しようとするのか、あるいは不適応が生じたときにその兆候、症状を抑えるための策を講じるのかという選択は、問題解決の際見過ごすことができない。実際には、この両者には共通の部分も多く、はっきりと二分して考えることは難しいかもしれない。しかし、行政、教育、コンサルティング、また精神医療など、地域の福祉や人間の命に携わるものにとっては、問題を原因のレベルで解決しようとしているのか、またはその結果のレベルで対処しようとしているのかを正確に見極めておく必要がある。

③ブレーン・ストーミングなどの方法で、できるだけ多くの候補をリストする。

問題の解決策を提示する準備が整った。最終的に実行する策はひとつでも、その策が最善、最高のものであることは、複数の策の候補と比較することによってはじめて確認できる。そのためには最初からひとつの策に決めつけるのではなく、できるだけ多くの候補をあげなければならない。その際、一般的に用いられる方法のひとつがブレーン・ストーミングである。

ブレーン・ストーミングとは文字どおり「頭脳の嵐」なのだが、普通複数の人間でできるだけ多くのアイデアを出すために用いられる。頭をリラックスさせた状態で、ひとつひとつの考えに評価をすることなく、どんどんアイデアを出し、そしてそれらをすべて書き留めておくのがブレーン・ストーミングである。複数の人間で問題を解決しようとするのなら、「こんなことを言うと笑われるかもしれない」とか、「相手にいやな思いをさせたらどうしよう」といったことを一切考えないでアイデアを出していく。聞く側も「そんなのうまくいくわけないだろう、何考えてるんだ」と言ってかみつかずに、とにかく黙って聞く。

十分に考えが出されたところで、同じようなものをまとめていき、またどう考えても実行不可能であったり、効果的だとは思われないものは削除する。こうすることによって、問題の本質をあらためて確認することができるとともに、解決策の方向を見つけることができる。時には、他人や自分自身の意見に耳を傾けることによって、問題の本質を誤解していたことに気付くこともある。そのようなときはもちろん「問題点の認識、理解」のステップまで戻って問題解決をやり直す。

④解決策実施後の結果を予測する――仮想「仮説検証」

人間には時間を超えた、つまり目の前にあるもの以外のことを考えるシンボル活用能力が備わっている。これをいかして、解決策を講じたらどのような結果になるのか予想してみる。人間は直接経験以外に、シンボルを使った間接経験をする能力をもっている。実際にやってみて初めてわかることも多いが、情報と想像力を駆使して、「こうしたらどんなことになるだろうか」と考えて、解決策の効果を予測する。

言われなくてもあたりまえのことのような気がするが、周囲を見回すと、このあたりまえのことができていない人間が多い。周囲の人間や車に対して思いやりをもたないで、勝手な運転をする者。信号が赤に変わる直前に、いや変わった後でも交差点に侵入してきて交通の妨げをする運転者は、自分の行動がどのような結果をもたらすか予想ができない、つまり人間のシンボル能力をうまく使っていない、あるいはひょっとしたらその能力に欠陥があるのかも知れない。あるいはどんな結果をもたらすかわかっていながらそのような行動をしているとすれば、社会的動物としての人間の資格を満たしていないことになる。問題の解決策を実行する前には、必ず頭の中で仮説を検証してみるべきである。

4　解決策を実行する。

できるだけ多くの解決策候補を出し、その中から問題の条件に最も合うものを選んでそれを実行に移す。前の段階で仮想検証したわけだが、それが実際に現実のものとなるかどうか、というところに注意しながら解決策を実施する。ものごとは予定通りには進まないもので、必ず何か予期しなかったことが起こる。そのためにもいくつかの代替案を設けておいて、いつでも実行できるような準備をしておくことも問題解決のプロセスを最大限の成功に導くための道だ。

5　問題解決のプロセス全体を振り返り、評価する。

解決策を実施し、特にそれがうまく行った場合は問題解決の全プロセスが終了したと考えがちだが、もうひとつ大切な仕事が残っている。それは問題解決のプロセス全体を反省の気持ちをもって振り返ってみて、評価するということである。

失敗した場合はもちろんのこと、成功した場合もなぜそのようになったのかという意味づけをしておくことは、将来同種の問題が発生した場合はもちろん、問題解決というシンボル活動の真の意味を理解、解釈、そして評価する上でたいせつな位置を占めている。時間を超えて、そして個人内でコミュニケーションを行うことができるのは人間だけであり、そのおかげで人類は発展を続けることができるということを忘れないようにしたい。

セルフ・プレゼンテーションで「考える」自分を見せる

「考える」、また「情報を知識に変える」のは人間のシンボル活動、つまりコミュニケーションを通して可能である。これまでは、生の情報を自分の頭の中で知識に加工するプロセスについて考えてきた。これは個人内コミュニケーションとも呼ばれる。「考える」ということと対人関係、つまり個人間コミュニケーションとはどのように結び付いているのだろうか?

せっかく考える努力をして、多くの情報から知識を得たとしても、それを日常の人間関係を豊かにするのに役立たせなければもったいない。逆に、周囲の人たちとの人間関係が個人内のコミュニケーションに影響を与え、対人関係によって個人が成長することもあるはずだ。

「プレゼンテーション」、あるいは「プレゼン」(日本人が好きな省略形)ということばをよく耳にする。プレゼンテーションはもともと「示す」とか「見せる」という意味で使われる。企業内、あるいは企業間でプロジェクトの企画内容を発表したり、商品、サービスの契約を取り付けるためにそれらの優れた点についての情報公開、宣伝を行うといった意味で使われている。

しかし、「自己呈示」、つまりセルフ・プレゼンテーションとは、企業で行われる特殊な情報公開、キャンペーンではなく、私たちが日頃言語、非言語を使って行っているコミュニケーションを指す。非言語コミュニケーション行動もセルフ・プレゼンテーションであれば、じっと立っているだけでも自分を周囲の人に呈示していることになる。自らをある程度外に出さなければ、周囲の人が関心を示してくれて、人間関係が始まる可能性はない。どのようにして、何を、公開、呈示すれば効果的なのか。自分自身の考え方をわかりやすい、そして説得力ある形で他に示す方法を考えることが人間関係を豊かにする上での鍵を握る。

自分を呈示する、表現する、つまりセルフ・プレゼンテーションには大きく分けて次の四つの目的、役割がある。

①知識をシンボル化（外化）して知識を本当に自分のものにする。

自分で何かを知っているというのと、それを人に伝える、教えるということはまた別問題だ。わかっていたつもりなのに、人に伝えようとするとうまく伝えられない。相手のものわかりが悪いのかもしれないが、こちらの伝え方、あるいはもっと根本の、伝えたい内容の本当の意味が理解できていない、自分のものになっていないという場合が案外多い。これまた、単に「知っている」のと、「わかっている」の違いである。

情報を自分のものにできているか、つまり知識になっているかどうか確認するには、まず考え、意見を適当なことばに乗せて運ばせてみる。意外と難しいことに気付き、わかっていると思っていたことが、実は本当に理解し、完全に自分の知識とはなっていなかったことに気付く。それがきっかけとなって、何とか本当の理解にたどりつくよう努力する。セルフ・プレゼンテーションのひとつの機能は知識をシンボル化して、それを自分のものとすることにほかならない。

残念ながら現在の日本の教育は、本当にわかっていることを増やしたり、知識を深めることに主眼を置いてはいない。知っていることを増やして試験の点を稼ぐことを目的としている。「知っている」つもりのことを声に出して、人に伝えられるかどうか試してみると、いかにそれが表面的なもので、薄っぺらなものであるかがわかるはずだ。日本の国会の偉い先生方の原稿（しかも誰が書いたか定かでない）の棒読み演説や、質問に対して役人が用意した資料を読み、そして質問の主旨に正面から答えることなく的外れの応答をしてごまかす、などはまさにこの例である。

一生懸命ことばを探し、選び、自分を正確に表現できることば、メッセージに出会ったときに味わうことのできる、膝頭をぽーんとたたきながら思わず口から出てくる「わかった！」という感動。あの気持ちを味わうことができて初めて情報が知識となり、個人のものになり、その人の自己成長に役立つのである。

「わかっている」つもりのことを声、文字に表わしてみて、本当にそうなのかを確認する。もしそれが怪しいときは、あらためて自分の知識となるよう問題解決のプロセスをもう一度やり直す。このような努力をして、初めて人に示すことのできる自分を築くことができる。

②周囲の人間との対人関係を築き、維持、発展させる。

コミュニケーションを通して人間関係を築くということはどのようなことを指しているのだろうか？多くの種類の人間関係があるだろうが、どのような場合でもその第一歩として求められているのがお互いを理解しあうということである。ではお互いを理解しあうということは、具体的にはどのようなことなのか。これはシンボルを交換することによって、共有する理解の範囲を広める、深めることを指す。相手との人間関係が深まり、強くなる、ということは共有する理解が正確で、お互いの深い部分にまで及んでいるということにほかならない。

理解を共有するためにはまず、何といっても自分を表現することである。初対面の相手と何らかの会話を交す際、もちろんいきなり「彼氏（彼女）はいますか？」と質問したり、逆に「実は私にはたいへんな借金があって、……」と、個人的なことを言いふらすようなことは普通しない。「今日は暑いですね」、とか「道が混んでますね」とか、自分や相手の個人的なこととは直接関わりのない、あたりさわりのない話をすることがほとんどではないだろうか。このようなスモール・トークを通して、少しずつお互いの感触をつかみながら、その後の人間関係に探りを入れる。

しかし、深い人間関係を作ろうとしない、あるいは作れない、「自己完結型」人間が目立つ昨今、お互いのプライバシーに触れそうなことについては一切会話ができないという人が増えてきている。深い部分に触れて相手を傷つけたり、気まずい雰囲気を作ったりしない、ということは、もちろんどのような状況でも身につけておく最低限のマナーだろう。しかし、自分のことについて、自分が正しいと信じることについて相手にきちんと表現できなければ、どんな人間関係も前には進まない。

当り前のことのようであるが、自己を呈示する、しかも論理的に筋道が通った方法でわかりやすく自分を表現するということは、どのような人間関係を築く場合にもきわめて重要な能力である。

③自己認識を深く、正確なものにする。

自分の信念、感情、知識を表現するためには、当然それらを正確に理解しておく必要がある。自己を表現することによって、自分が自分についてどんなことをどれだけ知っているのか、あるいは知らないのかを認識する、つまりメタ認識を高めることができる。

自分を知る、ということと自分を表現するということは表裏一体の関係にある。自分のことをよく知らなければ、表現することはできない。そして、自分を表現してみなければ、どの程度自分を正確に理解しているのかもわからない。つまり、プレゼンテーションして表現される自己は、自分が内側に持っている自己像を鏡に写したものなのである。

最近の若い人、いや、若い人に限らずいい歳をした大人でも自分の気持ちをうまく表現できない人が増えてきた。表現するとしても単語、そしてわけのわからない擬態語、擬音語であったりする場合が多い。

長続きしてもらいたくないのだが、テレビで「タレント」と称する人たちが、自分たちだけで楽しんでいるような、また品性のかけらもないギャグを飛ばしたり、他人の失敗を笑ったり、中傷したりするような、電気と電波の無駄としかいいようのない番組が多くなった。あれだけ多くなったということは、それらのばかばかしい番組を見て喜んでいる人も増えてきている、という悲しい現実なのだろう。それらの番組で必ずといっていいほど見られるのが、「タレント」らが吐き出すことばをわざわざ視覚にうったえるために画面の下、さらには画面いっぱいに出てくる字幕である。あれは一体何なのだろうか？

テレビが一家に一台どころかひとり一台になり、そしてインターネットを使って無限の情報がパソコンの画面に写し出される現代は、確かに個人が入手できる情報に制限がなくなったことを物語っている。何かと便利になった。しかし、あまりの情報の多さ、そしてそれが簡単に入手できるようになって、自分で「考える」ことをしない、できない人が増えてしまった。情報を集めることはもちろん大切だが、それを知識にして表現してみなければ、どれだけの情報が本当に自分のものになっているのか、つまり情報によって自分がどの程度豊かな人間になり、自己を成長させているのかということを確認することはできない。自分を表現することによって、そして相手からの反応を見ることによって自己認識の正確さをチェックすることができる。

④知的・感情的新陳代謝を高め、新しい刺激、情報に敏感になる。

セルフ・プレゼンテーションの目的を考えてきたが、自己表現を通して何を達成することができるか、というより、自己表現そのものが目的である場合も多い。つまり自分を外に出すことによって、知識、感情の循環を良くして、心の健康を促進し、認識の活性化を図る。

たとえば、どんなにおいしいご馳走でもお腹がいっぱいの状態ではそれを味わうどころか、「食べたい」という気持ちがなくなってしまう。ある程度お腹が減り、いろんなものをたくさん食べたいという状態でなければ、食べ物のありがたさを本当に感じることができない。

これと同じことが自分を表現することと、新しい情報、刺激を求めることとの間にも言える。

何かいやな思いをし、それを自分の内側に抑圧すると、段々とすべてのことがいやに思えてくる。いわば自家中毒のような状態になると、世の中すべてのものがいやに思えてくる。このような経験を一度や二度味わったことがある人は珍しくないだろう。情報、感情、意見などは、それを自分の内側に取り入れる量と、吐き出す量との間に一定のバランスを保っておくことが精神衛生上たいせつだ。

表現して気持ちをさっぱりさせることによって知的、精神的な新陳代謝を促し、感情の浄化を図ることができる。さらに、古くなった情報、個人的な感情を出してしまうことによって、周りのものが新鮮に思えてくる。セルフ・プレゼンテーションとは知識、感情の活性化を図る上で欠かすことができない。

自己表現で大切なこと

シンボル活動の一環として、個人内で問題解決し、情報を知識に換え、それを表現することが自己を確立、発展し、精神面での健康を維持していく上で重要であることをこれまでに考えてきた。さまざまな状況で、自信をもって自分を表現する人は、周囲からの信頼も厚く、豊かな人間関係を築いていける。このことがさらに自信となり、自己実現の助けとなり、表現力も豊かになるという「善循環」となる。その逆は当然のことながら、自分に自信がもてない、だから自己表現がうまくできずに、周囲からの信頼や親しみなども得られない、そしてそれが自信のなさに拍車をかける、という悪循環となる。

しかし、自己表現と一言で言っても、実際に相手との人間関係を維持、発展させながら、同時に自分をうまく表すことは決して簡単ではない。下手なセルフ・プレゼンテーションでは逆効果にもなりかねない。そこで、自分の考えること、信じること、感じることを表現する上で、確認しておかなくてはならないことがいくつかある。

①表現する内容には責任を負う

「議論」というと、日本人があまり得意とはしない、その反対に西洋の人たち、特にアメリカ人などは日常生活の中の自然な一こまと見ているとよく言われる。彼らが注意していることのひとつが、自分の発言を自分のものとして責任をもつということである。日本人の中には「間違っているかもしれませんが」、とか「小耳にはさんだ話なんですが」、あるいは「どこで聞いたのかはっきり覚えていませんが」といった前置きをしながら話を始める人はいくらでもいる。また、このような謙遜の態度で始めたわりには、あとでじわじわ、ちくちく、ねちねちと相手のいやがるようなことを次から次へと出してきて、おまけに最後には「ことば足らずで恐縮ですが」とか、「はなはだ簡単ですが」などと言って話を終わるような人も多い。

「角がたたないように」、「メンツをつぶさないように」、「丸くおさめる」といった考え方は日本人の人間関係を象徴している。「私が言っていることが正しく、あなたが間違っている」というようなことは、仮に頭のなかでは思っていても口に出さないのが普通である。これらの考え方は、日常の人間関係を円滑に保つ上で大切な通念、マナーである。しかし、こういう思いが高じてくると、だんだん発言したことによって自分が孤立したり、仲間外れにされるのでは割に合わないと考えるようになって、「これは私の考えではないのだが」といった態度が表面化するようになる。

自分の口から出ることば、ひとつひとつに責任をもつということは常識ある大人の行動として最低限守るべきルールである。実際の自己表現ではこのことが守られているだろうか？個人差はあるものの、いい大人が「オレは別にいいんだけどー、もう少し早く来たほうが、みんなから悪く思われないっ、みたいな？」（それぞれの節目の終わりは必ず尻上がり調）なんて言っているようでは困る。自分の言うことはすべて自分で結論を出した、そして相手に聞いてもらうだけの価値があり、さらにその発言による相手の考え方、行動の変化にはあくまでも話した自分に責任があるという態度で自分を表現したいものである。

②内容をしぼったセルフ・プレゼンテーションに努める

人間がいくら高等な知的動物であるとはいえ、同時に多くの刺激、情報に集中し、それらを正しく認識、理解できると過信してはいけない。人とコミュニケーションする際、同時に、また短時間で多くのことを伝えようとしても無理だということ。

であるならば、相手に伝えたいことが何なのかをしっかり認識し、そのことを、相手に自分と一緒になって考えてもらい、理解し、そして覚えてもらうことに集中すべきである。どんなに長い話でも、最終的に理解し、覚えてもらいたいことはひとつのメッセージに集約されなくてはならない。

最重要点がプレゼンテーションのどの部分に来るのか、ということは日本語や英語、中国語のようにどのような言語を用い、相手がどんな人なのか、またプレゼンテーション全体の内容などによって異なる。しかし、いつまで話を聞いても、一体何を伝えたいのかわからないような自己表現は効果がないどころか、その先の人間関係の進展は望めない。

プレゼンテーションの中で、最も伝えたい内容がひとつのメッセージに集約されるとすれば、そのメッセージ以外の部分は一体何なのか？単なる飾りか？実は最重要点を何度も何度も繰り返しているに過ぎない。繰り返しといっても、壊れたレコードプレーヤーのようにまったく同じ内容のメッセージを繰り返すのではない。最も重要なメッセージと本質的には同じ意味のことを、いろいろな方向から示すという、つまり「工夫された冗長」ということなのである。

たとえば、「毎日の運動は健康に良い」、ということを相手にわかってもらいたいとする。このメッセージを相手に正しく理解してもらい、さらにはその相手に納得して実際に毎日運動をするようにしてもらいたい。そのためには、毎日の運動によってもたらされる効果を例を使って示したり、運動不足によって病気になってしまう人の数を統計を使って説明したり、また実際に運動によって健康を回復したような人の経験談を話したりと、いろいろな工夫をして、同じメッセージを多方面からサポートすることができる。

大事なことは、一度に多くの、そして違う種類のメッセージを理解してもらおうとする代わりに、ひとつでいいから、それをしっかりと、正確にわかってもらうために、できるだけ多くの観点から説明する、ということである。

③構成に時間をかける―知識と知識のつながりを重視する

相手に何をわかってもらいたいか、そしてそのためにはどのような情報を提供するのか決めたら、今度はそれらをどのような順番で並べるのか考える必要がある。おいしい料理をしようと、献立を考え、新鮮な素材をそろえたとしても、段取りが悪いと料理はうまくいかない。

これと同じように、セルフ・プレゼンテーションをするときも、話の構成、順番には十分時間をかけて工夫する必要がある。聞く側の関心を持続させ、理解の正確度を増すには、わかりやすいパターンで話を組み立てることが重要である。話しことばと、書きことばとの違いは、文字の場合、わかりにくいことがあれば何度も繰り返して読むことができるのに対して、話を聞いているときはわからなかったからといって、話をしている相手に何度も繰り返してもらうわけにはいかない点である。

一度話の流れがわからなくなってしまうと、聞いている方は何とかわかろうと気持ちを集中させる、というより、むしろあきらめてしまってほかのことを考え始めるほうが多い。脱線してしまって、糸の切れた凧のようにならないように、話の筋道がわかりやすいような構成、段取りをするには十分時間をかけた準備が必要である。

④相手の自己表現とのバランスを考える―相手の知識、関心のレベルに配慮する

大勢の人の前でスピーチをする場合は、「話す人」と「聞く人」という役割が大体固定されていて、それぞれに求められた責任を明らかにすることは比較的容易である。しかし、一対一、あるいは小人数の集まりで、自分を表現する際、常に、それぞれの人間が自分を表現しようとしている。その際、相手に本当に自分のことを理解してもらいたいのであれば、やはり相手の立場からもその状況を考えてみる必要があるだろう。

では、相手の立場から見るにはどうすればいいのだろうか？それは、今自分が話している内容、程度が、果たして相手にとって適切なものかどうか考えてみることを指している。聞く側の知識、常識のレベルがどの程度で、相手がどのようなことに関心を示すのか、ということを常に考えながら話しをするのがコミュニケーション能力というものである。

ところがどうだろう。学校の先生、医者、公務員、など、人にわかりやすく物事を説明することが求められている職業についている人の中には、相手がわかっていようといまいと、その話に関心を持っているかどうかまったくお構いなしに、自分の調子で話を進める人が多い。そのような場合、言うまでもなく、単に話がわかりにくい、というところにとどまらず、それ以降の人間関係の発展など考えられない。

ひとりだけわかっている、またはわかっているつもりで、十分な説明もなく話が終わってしまう人。逆に、聞いている方は「もうわかった」という表情をしているのに、しつこく、いつ終わるとも知れない話を延々と続ける人。さらには、相手の顔の表情などの非言語による反応を一切

さとる.

無視して、自分の話に酔いしれる人。考えてみると、聞く側の気持ちを考えない話しかできない人はたくさんいるようだ。

聴くコミュニケーション（リスニング）——話す以上に大切

コミュニケーションと言えば、「自分をうまく相手に表現し、理解してもらうこと」に重点が置かれがちである。これまでは発進側のコミュニケーションについて考えてきた。意外と理解されていないのが、受信側のコミュニケーション、つまり「聴く」という行動のメカニズム、特性、そのプロセスで起こる問題点などである。

私たちの一日のコミュニケーション行為を「読む」、「書く」、「話す」、「聞く」の四つに分けると、それぞれに使っている時間の配分は図7－1のようになる。職業、生活環境、そして同じ人でも日によってはこの時間配分は変化するが、平均的な一日の生活では、「聞く」に費やす時間が最も多い。

コミュニケーション活動の中で「聞く」が占める割合が高いにもかかわらず、その能力を高め、聞き上手になろうとする努力は十分に行われているだろうか? 文部省では、今後国語の授業にコミュニケーション能力の発展を盛り込んでいくとは言っている。学校の国語の授業では、「読む」、「書く」、そして最近少しずつ「話す」能力の向上を目的とする教育がされているようだ。しかし、「聞き上手」ということばはあっても、どのようにすれば、いや、その前に聞くというコミュニ

図7－1：コミュニケーション活動別時間配分

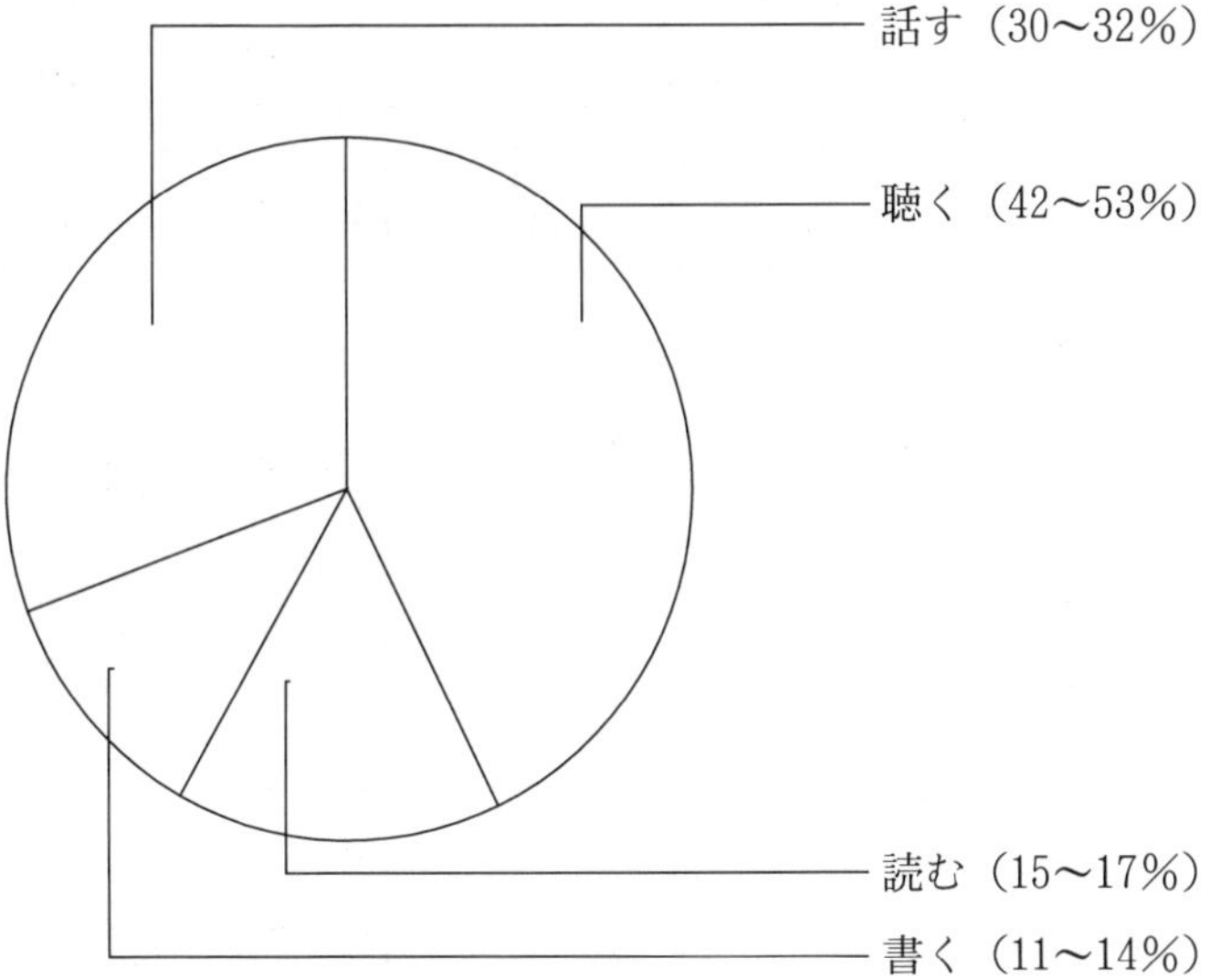

ケーション行為の特性についての本質的な理解が薄いようだ。

家庭での親子の関わり合い、学校の授業、会議でのやり取り、国会での演説、質問、答弁、どの状況でも日本人のコミュニケーションの特徴的なのが、一方通行、つまりモノローグの応酬である。相手が聞いているかどうかお構いなしに、自分が言いたいことを一方的に言って、相手の話には耳を貸さない。さらに自分の言っていることにしだいに興奮してくるような状態を、「白熱した議論」と呼ぶ傾向がある。自分をうまく表現するプレゼンテーション能力の向上が、自発的、意識的な努力を必要とするのと同様に、「聞く」（ヒアリング）、いや「聴く」（リスニング）

能力も、そのうち自然にうまくなるのではなく、自分でうまくするものなのである。

人間関係がうまくいかない背景には、一方的に自分の立場ばかり主張することもひとつの要因として考えられるが、話を聴く側の態度、能力、そして当然、話す側の聴かせる能力が大きく影響を与えている。

「聴く」とはどのようなことを指すのか？

聴くという行為は認識の一種である。人間はシンボルを使って、周囲の刺激に意味を付ける。その際、見る、聞く、触れる、匂う、味わうという五感を使ってさまざまな刺激を取り入れるわけだが、聴くというコミュニケーション活動はまさにその一環である。

認識のプロセスには感じる、選ぶ、理解する、判断するの四つのステップが含まれる。これを、対象が音である聞くにあてはめて考えてみると、「聞く」と「聴く」との差がよくわかる。

①感じる——聞く、聞こえる
英語には hear と、listen ということばがあるが、日本語にはこれにあたるのが「きく」ひとつである。漢字にすると「聞く」と「聴く」で区別できるが、これら二つを意識して使い分けることはあまりない。
耳で、音やひとの声を感知してそれを脳に送るプロセスは、人間だけではなく、動物にもできる。むしろ動物のほうが音を敏感に察知することについては人間とは比較できないくらい秀でている。人間だけにできるのがこの先のシンボル行為である。

②選ぶ――耳を貸す

わたしたちの日常生活にはさまざまな音が溢れている。人の肉声、テレビやラジオから流れてくる人の声、エアコンの音、BGM、外を走る車、電車、飛行機などの音、虫の鳴き声、犬が吠える声、工事現場の音、などなど、無限の音の刺激がある。人がたくさん集まる場所では、目の前の人の話もうまく聞き取れないことがある。

しかし、人間は実にうまく、聞きたくない音をノイズとして無視し、聞きたい音だけを取り入れる。パーティーで、目の前の人との話よりも、実は自分の後ろにいる人たちの会話が気になるような場合、前の人の話は聞き流し、後の話に耳を貸す。目の前で一生懸命話をしている人の声は、聞こえてはいても、聴いてはいない状態だ。また、頭の中で別のことを考え、自分自身の声に耳を貸し、人の話を聞く振りをするのも、人間関係を維持していく上では望ましくない「コミュニケーション活動」と言わなくてはならない。

③理解する

耳に入る無数の種類の音の中から、関心のあるもの、特に聴きたいと思う音を選択したら、それらが自分にとってどんな意味を持つのかを考える。シンボル自身には意味がないので、それぞ

図7－2：「聴」

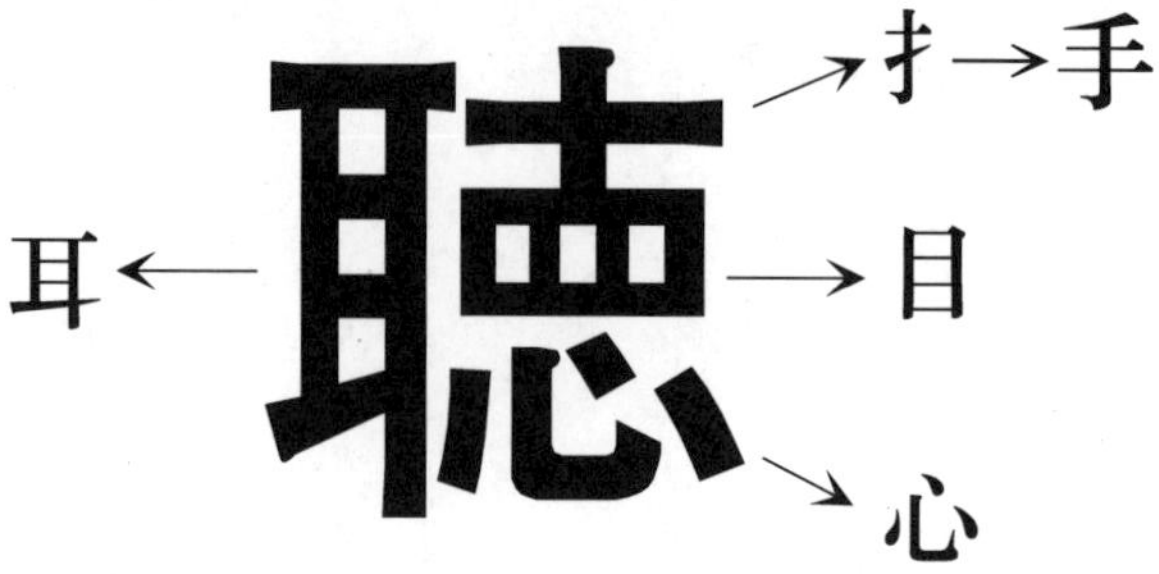

れの状況で、そしてその相手の口から発せられることばは、聞いている側が付加する意味によって初めてコミュニケーションの媒体としての役割を果たす。コミュニケーションのプロセスで共有される意味は受け手の認識によって決まる。

聞き手は自分自身の経験、価値観、その時の気分、話し手に対する感情、そしてそれぞれの状況に応じて自由に意味づけをする。聞き手が耳から入ってくることばにどのような意味づけを行おうと、それは聞き手の勝手であって、話し手の方で制約することはできない。対人コミュニケーションの意味ノイズは、話し手が意図したこととは全然違った意味づけを聞き手がしてしまうことによって生じる誤解を示している。したがって、聞き手は単にことばの表面だけをもとに話し手が伝えようとする意味を理解しようとするのではなく、声の調子、大きさ、顔の表情、などの非言語コミュニケーションをも、耳だけではなく、目、手、それに体全体で取り入れる努力をするべきである。

④判断、反応する

「聴く」プロセスの最後は、それぞれの意味がどのような価値を持つのかを聞き手が個人的に判断し、それに基づいて適切な反応をする、というステップである。

A「コンサートのチケットが2枚あるんだけど、行かない?」

B「えー! 私も行ってみたいと思ってたの。いつ?」

A「来週の金曜日。」

B「金曜日かぁ。バイトの予定が入ってるの。代わってもらえないか聞いてみる」(言い終わる前にバイト先に電話をかけ始める)。

この二人の会話からもわかるように、実際のコミュニケーションでは、A、Bともに話し手と聞き手の役割を同時に演じている。特にBのリスニングについて見ると、Bは、Aのコンサートへの誘いを聞き、理解し、自分も行きたい、つまりAの誘いを受け入れる判断をしている。さらに、Aからのひとつひとつのことばに反応するばかりではなく、会話の最後では、コンサートに行けるように、バイトを断わる電話をするという行動を起こしている。

このように、聴くというプロセスには、音や声が聞こえる、というところから始まり、意味づけを行い、自分なりの判断をして、適当な反応をするところまでが含まれる。相手の声が聞こえているのに無視する、というのもリスニングを行って、判断をした結果の行動である。ただし、聴くプロセスのそれぞれのステップは瞬時に行うものだから、実際のコミュニケーションでこれを意識することは容易ではない。

まずいリスニング

聞こえるという意味合いが強い、聞く（ヒアリング）は意図的にコントロールするのが難しい。一方、聴く（リスニング）の方は、自発的、意図的にその効率、効果を高める努力をしなくては、そのうちにうまくなるものではない。人の声が耳に入ってくるのが聞く（聞こえる）で、その後の人間独自のシンボル活動が聴くというコミュニケーション能力の領域である。人間だからこそ犯してしまうリスニングのプロセスでの失敗、過ちもたくさんある。

①話題、話し手に対する無関心、偏見（先入観）

わたしたち人間は、どんな相手や、状況に対しても、実際に遭遇する前から何らかの期待、不安を持っている。対人コミュニケーションの状況で不安をもたらす要因や、不明瞭な部分を少しでも減らしたいという気持ちはだれもが持っている。コミュニケーションはこのような不明瞭な部分を減少させるプロセスでもある。

しかし、不明瞭な部分を削減するのに、相手や話の内容に対して、先入観をもってリスニングに臨むと不都合が生じる。聞く前から「どうせつまらない話だろう」、「自分には関係のない話だ」、あるいは「難しくてわからないだろう」という気持ちを持って臨むと、当然わかるはずの話もわからなくなってしまうだけではなく、最初から一生懸命聞こうとする態度もなくなってしまう。また、話し手の肩書き、学歴、所属する団体などだけから、その人が言うであろうと思われることを勝手に決めつけておくと、正確なリスニングはできなくなる。

最近、経営、販売促進、異業種交流、あるいは単なる出会いを求めるためだけの集まりなど、ありとあらゆる勉強会、月例会がある。定期的に集まる会合に、たいてい講師が呼ばれて講演、講義、講話と称する話がされる。中には一時間でも二時間でもおもしろい話、難しい話をおり混ぜながらたいへんうまく聴衆の注意を引き続ける講師もいる。残念ながらスピーチ、プレゼンテーションといった伝統に乏しい日本では、まだまだこのような人は少ない。人前で、理路整然とした、そして同時に聴衆の関心を引くようないきいきした話ができるよう訓練することが望まれる。しかし、聞く側も最初から「どうせつまらないに決まってる」という態度で臨むのでは、話を聞く意味がない。

②細かいことに対する過剰な関心

自分を表現するのがあまり上手ではない人が多いことも事実だが、聞き手に問題がある場合もそれ以上に多い。話す人の口癖、声の調子、顔、それも口、鼻、眉毛などの部分的な特徴、など細かい部分に神経を集中させると、話の重要点を捉えることができなくなる。

授業、講演などを聞く際、講師が大事な点をわかりやすくするために用いる例にばかり関心を払い、肝心な点を聞き落としてしまうことは少なくない。確かに、たとえ話のほうが印象が強く、覚えやすいということもあるだろうが、話している人が何のためにそのようなたとえを用いるのかを考えてみると、意図した意味ができるだけ正確に聞き手に伝わるようにしているのだろう、ということが理解できるはずである。

話全体を聞かずに、細かなたとえ話、数字、非言語の部分に注意を向けてしまうのは非効果的なリスニングのパターンのひとつである。

③聴いているふり―見せかけのリスニング

難しい、あるいは難しいと決め込んだ話を聞く際のだましの方法として、ときどきうなずいたり、にこっと笑ってみせる人は多い。コミュニケーションの場で相手に失礼になったり、不愉快な気持ちをさせないように、聴いているふりをすることはだれにでもある。

私たちは目の前で人が話をしているのを聞きながら、同時に目の前にはないことについて考えることができる、という器用な動物である。学校の授業や、講演といった公的コミュニケーションの状況ではこのことが特に顕著である。先生の話を半分聞きながら、実は「今日の昼めしはどうしようかなー」と考えたり、彼氏や彼女のことを考えてにやにやする、というのも見せかけのリスニングの「スキル」といえる。言うまでもなく、表面上は話を聴いているように見えても、聞こえてくることばに的確な意味づけをするところまでは至らない。

効果的なリスニングのためのスキル

まずいリスニングの特徴をいくつかあげたが、ではどうすれば聞き上手になれるのか。まず、次のような努力をしてみて、リスニングに対して積極的な態度を身につけてはどうだろう。

①余った時間をつかって、メインポイントを読み取る

言われてみれば当然のことだが、私たちは普通、話すよりずっと速く考えることができる。人が一分間に話すことができることばの数は、個人差もあるものの、日本語の場合およそ三百五十から四百文字分程度である。測定することは困難だが、それと比べると頭の中で考えることのできる情報量はその数倍から十数倍にもなるだろう。そうするとどうなるだろうか? 私たちは人の話を聴く際、時間が余ることになる。その余った時間をほかのことを考えるのではなく、もっと有効に使って相手の気持ちを読み取り、深い分析をするのにあてる。

具体的には、「工夫された冗長」の部分を除いた、話の最も重要な点は何かということをしっかり理解する。そのためには、仮に話す側が論理的一貫性がないような話をしていても、聴く側が自分の頭の中に、あるいはノートにでも話のアウトラインを作って聴いてみると主旨がわかりやすくなるはずである。もしわかりにくければ、後で質問をすることもできる。何を尋ねるべきかを明確にするためにも話し手は何を主旨と考えているのか、ということはしっかりと把握して

おかなければならないだろう。このことは授業や講演の時だけではなく、日常の人間関係で感情的な話を聴く際も同じである。

②積極的に反応する―質問する、自分のことばに置き換えて反復する

一般的に、二人の人間がコミュニケーションするとき、話すのと、聞くのとでは、前者が行動的で、後者は受け身的、消極的であるという考え方がある。極端な言い方をすると、話を「する」側と、「される」側とに分かれる。しかし、実際には話をする方が声を出すという物理的なエネルギーの消費は多いかもしれないが、聴く方も、それと同じ、あるいはそれ以上に心理的なエネルギーを必要とする。

では、積極的な聞き手にはどのような行動が求められているのか?聞こえてくる話に意味づけを行い、話し手との共有の理解を深め、広げるためにはじっと、またはぼーっと話を聞くだけでは足りない。シンボルそのものには意味がないわけだから、話し手がそれぞれのことばをどのような意味、意図で使っているのかは、本人に聞いてみるしかない。そこで、聞き手は自分なりに理解することに努めて、それを確認するために、またどうしても理解できないことはメッセージを発した人に尋ねてみるのは、権利というより、むしろ義務なのである。

質問をする際、「□□はどんな意味なのか」と漠然とした聞き方もあるかもしれないが、相手が言ったことを自分のことばに置き換えてみて確認するとさらに効果的である。パラフレーズと呼ばれるこの方法は会話をするときだけではなく、レポート、論文を書く際にも言える。調べた

文献の中のことばをそのまま引用する方法と、それを一度飲み込んで、消化して、解釈して自分のことばに置き換えて書く方法とがある。後者の方が労力を必要とする分、しっかりと、そして正確に理解していることを確認することができる。

③「行間を聴く」

行間を読むとは言うが、聴くとは普通言わない。日本人のコミュニケーションは、伝統的に「一を聞いて十を知る」、以心伝心、察し、甘え、遠慮などといった考え方に代表されるように高コンテキストである場合が多い。確かに多くの場合、一から十まで言うのではなく、「これくらい言えば、あとは相手が気を利かして分かってくれるだろう」という態度で話をする。だとすれば、私たちが聞く側に回った場合、話す方が口にしたことばだけではなく、口には出されなかった部分を察することは、高コンテキストの傾向が強い日本人どうしのコミュニケーションには特に求められていることである。声の大きさ、速さ、高さ、声音、顔（特に目）の表情、姿勢、服装、などの非言語の部分にも注意を払って、相手の真意を捉えようとする態度は重要である。

細かいことに対して過剰な関心をもつことは、正確なリスニングを妨げるが、これは程度と質の問題である。度を過ぎると、勘繰りと見なされるが、行間を読めない、相手の微妙な気持ちを理解できない人は「察しが悪い」と評価される。鋭い観察力と、敏捷な理解力、記憶力、的確な判断力など、もてる力を総動員して、リスニング能力を磨きたいものである。

自己モニターチェック7－2

リスニング能力・適性自己診断

次の質問事項に、次の要領で最も当てはまる数字を答えてください。

5＝ほとんどいつもそうである　　4＝だいたいそうである
3＝時々そうである　　2＝あまりそんなことはない
1＝ほとんどそんなことはない

＿＿＿1　ものごとを決める前にいろいろな事実の重みを考える。
＿＿＿2　話し手の感情には敏感である。
＿＿＿3　話し手の言う内容には集中する。
＿＿＿4　人の話が自分に向けられたものかどうかすぐ判断できる。
＿＿＿5　相手の意見に賛成でも反対でも、最後まで話を聞く。
＿＿＿6　話を理解したかどうかを、すぐに相手に知らせる。
＿＿＿7　ストレスを感じる状況で言われたことでも、その内容は覚えている。
＿＿＿8　コミュニケーションの相手には十分なフィードバックを提供する。
＿＿＿9　だれかが自分に話しかけたときはその内容がよく聞こえる。
＿＿＿10　だれかが自分に話しかけるときは、その人に全神経を集中させる。
＿＿＿11　だれかが話してくれた内容を数日後になっても思い出すことができる。
＿＿＿12　だれかに話しかけられたらいつでも聞く用意がある。
＿＿＿13　話し手の顔の表情、姿勢、その他の非言語的な特徴によく気がつく。
＿＿＿14　すべての情報が提供されるまでは、自分の結論を出すことは控える。
＿＿＿15　だれかが自分に話しかけているときは、周囲の会話、雑音、電話の音などのノイズを克服することができる。
＿＿＿16　人に話しかけられたら、反射的に返事をする。

______17　ひとつの状況を少しでもよく理解するためには、より多くの情報を求める。

______18　細かなことにひとつひとつ反応するのではなく、話しの最重要点に注意を払う。

______19　自分とは違った考えを受け入れることができる。

______20　知っている相手であれば、声を聞いただけでだれかわかる。

＊＊＊＊＊＊＊＊＊＊＊＊＊＊＊＊＊＊＊＊＊＊＊＊＊＊＊＊＊＊＊＊

それぞれの項目に対する回答が終わったら、次の判定基準（第1～4要因）ごとに、当てはまる番号の質問事項に対する回答を数字で記入し、それぞれの要因ごとに集計してください。リスニングの際、どの要因が強み（20点以上）で、どれが「問題あり」（18点未満）となったか確認してください。

リスニング能力・適正度判定基準

第1要因：聞こえる
3 ______
9 ______
13 ______
16 ______
20 ______
小計 ______

第2要因：選択する
4 ______
5 ______
10 ______
12 ______
15 ______
小計 ______

第3要因：理解する、記憶する
2 ______
7 ______
11 ______
17 ______
18 ______
小計 ______

第4要因：評価、反応する
1 ______
6 ______
8 ______
14 ______
19 ______
小計 ______

合計点　　　／100

自己モニターチェック7－1
正解と解説

正解は、

最初の男はヌガワである。
2番目の男はヌガワである。
3番目の男はズウンビである。

まず、最初の男が何と答えたかを考えます。ここでは、答は判別不可能となっていますが、文化人類学者の「あなたはヌガワですか、それともズウンビですか」という問いに答えたものと想定します。すると、この島ではヌガワは真実しか、またズウンビは真実以外のことしか言わないわけですから、最初の男がどちらの種族に属するかにかかわらず、この男は「私はヌガワです」と答えるはずです。

次に、2番目の男は「彼は自分がヌガワだと言いました、そして彼は本当にヌガワです」と言っています。この前半部分から、彼は真実を語っていることがわかります。したがってこの時点で2番目の男がヌガワであることがわかります。彼の言うことはすべて真実なので、後半部分から、最初の男もヌガワであることがわかります。

最後に、これらのことから3番目の男が嘘を言っていることがわかるので、彼がズウンビであることがわかります。

8　異文化と出会って自己を成長させる

海外旅行といえばつい三十年ほど前までは、ごく限られた人たちだけが楽しむことのできるものだった。正月休みやゴールデン・ウィーク、そして週末を使って気軽に海外に出かける今日の日本人にとって、「昔は円をドルに替えるにも金額の制限があって、パスポートをもって銀行に行かなくてはいけなかった」とか、「1ドルが三百六十円だった」と言っても、大昔の話にしか聞こえないだろう。

今や、観光、新婚旅行、語学研修、留学、海外転勤、出張、そして何と中学や高校の修学旅行で、海外に出かけて行くことは珍しいことでも何でもなくなった。幼い子供を連れた家族、学生、OL、それに子育てから解放された女性たちのパックツアーまで、海外に出かけるということはだれにでも楽しむことのできる気軽な旅になった。

海外に出かけていく、ということは、これまで生まれ育った、馴染み深い日本文化から一時的に離れて、今までに出会ったことのない新しい生活習慣に直接触れることを意味している。これまでにも、ことば、習慣、常識、その他身の回りのすべてのことが新しい、慣れない場所に行って戸惑ったり、不安で一杯になったり、逆に新鮮な環境を楽しんだりした人は多いことだろう。

違った文化に触れるということはどのようなことを意味しているのか？また、違った文化的背景をもつ人間と接触し、人間関係を築き、発展させていく際、どのようなことが起こるのだろうか？そして、外国の違った文化を持つ人間とつきあうということと、同じ日本文化を共有する人間とつきあうこととの間にはどのような相違、類似点があるのか？もし、異文化の人間とのコミュニケーションから、同文化の対人関係に応用、学習できることがあるとすれば何だろう？

文化って何？

文化的な生活、文化人、かなり古いが文化住宅とか文化包丁など、「文化」ということばは幅広く使われる。これらの文脈で指す文化の意味は、「文明」と置き換えることのできる、つまり人間の技術、産業が発展し、その結果豊かで、便利になった生活の様式にあたる。しかし、人間関係を築くコンテキストとしての文化と、文化的な生活の文化では、指しているものがかなり異なる。

コミュニケーションのコンテキストとしての文化とは、行動様式、それに行動の基盤となる思考の様式を指している。この意味での文化にはいくつかの特徴がある。

①人間は文化を学習する。

学習するということは、先天的に備わっているのではなく、生まれたあとで身につける、ということだ。島国根性、つまり閉鎖的で、自分たちとは考え方、行動の仕方が異なる人間を受け入れたがらない日本人の中には、「日本人として生まれてこなくては、日本文化を本当に理解することはできない」と思っている人が少なくない。

しかしこれは間違いである。そもそも日本人、韓国人、インド人、アメリカ人、ドイツ人という区別は、国境という、恣意的、そして政治的な区分であって、☆☆人に生まれたから☆☆文化をもつという公式は成り立たない。確かに、生まれた後で最初に経験する、社会の最小単位である家族の中で培われてきた文化を身につける可能性は高い。したがって、ドイツ人の両親から生まれた子供はドイツ文化を、韓国人を両親にもつ子供は韓国の文化を継承することは自然なことである。

しかし、血のつながりと文化のつながりとは必ずしも一致しない。アメリカ人を両親にもっても、幼いころから長年日本で生活すれば、外観はアメリカ人でも内面には日本文化をそなえる可能性はいくらでもある。文化は人間が同じ行動、考え方を繰り返し、成長するにしたがって身につく行動、思考の様式である。

②文化は不文律。

憲法や法律と違って、文化的規範は普通明文化されていない。文化は人から人へ、一つの世代から次の世代へと、明確な形で伝えられるのではない。親が幼い子供のしつけをするときには、当然一から十まで事細かに説明する、つまり低コンテキストによるコミュニケーションが必要だが、ある程度の分別がつくようになると、「言わなくてもわかるだろう」という考え方が根底となるコミュニケーションが主流になる。

周りの人間の期待に応えることが当り前、と考えるようになると、その期待に反した行動をしたときに初めて文化という枠組みの存在を意識することになる。たとえばアメリカ人どうしのコミュニケーションでは、人間関係がある程度進展すると、年齢、性別、職業、収入などの面で相当な社会的な差があっても、ほとんどの場合ファースト・ネーム、つまり下の名前でお互いを呼びあうのが普通である。時には会社で部下が上司を、大学で学生が先生をファースト・ネームで呼ぶこともある。

しばらくアメリカにいると、これが普通になり、日本に帰ってもその習慣が抜けきれない。しかし、もしその習慣をいくら自分が気に入っているからといって、日本社会でも通用するものだと思っていると痛い目にあう。日本に入国する際に、パスポート審査はあっても、「日本では目上の人に呼びかけるときは必ず苗字に適切な肩書きをつけて呼ぶこと」などと書かれた、「日本文化内行動説明書」なるものをもらうわけではない。そこには「いちいち言わなくてもわかってるだろう」というプレッシャーがある。

③文化は人間の社会行動の枠組みの役割を果たす。

音楽、文学、演劇などの芸術、また華道、茶道、書道などの作品を文化と呼ぶこともある。人間が才能、知識、経験を生かして精神の活動を表現した結果である。これらの文化的産物は目で見ることができる。

これに対してコミュニケーション、人間関係発展のコンテキストとしての文化は目に見えない。目には見えないのだが、人間の社会行動の指針となり、社会で認められる、逆に反発を呼ぶ行動や、考え方の枠組みを形成してくれるのが文化の役目である。

罪を犯すと、どのような刑罰が下されるかを規定する法律とは違って、社会の常識に反する行動をしたからといって別に罰則を規定してはいないが、文化はそこに生活する人間の行動、思考の規範として機能している。その中で行儀よくしているときは枠組みの存在を感じることはほとんどないが、知らないうちに枠を飛び出したときに「しまった」と思う。

日本人どうしのあいさつで、「この前はどうも（お世話になりました）」と言うことがよくある。アメリカ人どうしではあまり聞かれない。日本人の場合、今の世の中ではいくらか衰退しているように見えるが、人間関係はやはり恩、義理、人情という考え方によって今でも影響を受けている。人の生き方の規範となるこれらの考え方は文化的コンテキストに深く根差している。以前世話になったのに、思わずその次にあったときにこのあいさつを忘れると、本人には悪気はなくても、相手はいやな思いをしているかもしれない。忘れた本人がそのことをずっと後になって思い出したときの気まずさは、やはり文化という枠組みを飛び出した行動をしたことに対する自戒の気持ちからくるのだろう。

④文化はシンボルのシステムである。

たいへん抽象的な概念である文化を定義することは難しい。ものでもなければ、出来事、行事、などでもない。では何か、ということになると、最も近い答えがシンボルのシステムということになるだろう。システムとはいくつもの構成要素があって、それぞれが共依存の関係にあり、相互に影響しあって、独自の特性をもつひとつの集合体である。文化というシステムの中には、自然、歴史、伝統、政治、経済、宗教、習慣、風俗、食生活、などたいへん多くの要素と、それらに対する人間の認識が含まれている。それらひとつひとつでは文化としての機能は果たさないが、相互に影響しあいながら、ひとつの文化を形成する。

これらの特徴を総合すると、人間対人間のコミュニケーションと深いかかわりを持つ文化のひとつの定義を明らかにすることができる。文化とは、「いちいちはっきりと伝えることはできないし、その必要もないが、そこに生活する人間の行動、思考の枠組みを提供してくれる、人間が後天的に学習して習得するシンボルのシステム」である。この定義を念頭に、人間関係のメカニズムを文化的な枠組みの中で考え、異文化との出会いを通してどのように自己成長に結び付けることができるか、という疑問に挑戦してみたい。

対人コミュニケーションと文化というコンテキストとの関係

どのようなコミュニケーションも真空状態で起こるのではなく、何らかのコンテキストの中で人間どうしが営む社会行動である。対人関係を取り巻くコンテキストは、次の三つに分けられる。

①対人コンテキスト

人間関係を築く二人の行動、考え方の枠組みである。たとえば、ある夫婦は、夫が仕事から帰ってくると必ず妻が「今日はどうだった?」と尋ね、それに対して夫は一日で起こったことをできるだけ詳しく妻に伝える。もう一組の夫婦では、夫が仕事から帰ってくると、待ちかねたように妻が「あのね、今日ね、……」と家で起こったことを詳しく話し始め、夫はそれをだまって聞く。どちらの夫婦がより理想に近いか、という問題ではなく、これら二組の夫婦では、「あたりまえ」と感じていることに違いがあるのだ。いずれの夫婦もそれまでの人間関係の発展のプロセスの一環として作り上げてきたのが対人コンテキストである。

②社会コンテキスト

二人だけで話しをする場合と公の場所で会話をする場合、さらに結婚式に出席する場合と葬式に参列した場合では、それぞれの状況に応じた、異なる行動パターンが予想される。同じ二人の人間でも、社会的に位置付けされた状況では、二人だけの行動のルールに則った、つまり対人コンテキストだけを意識した行動をすると、周囲からは「変わった人たち」や「常識のない人たち」というレッテルを貼られることになる。最近、男女間の愛情表現を公衆の面前でも躊躇することなく日本人の若者が増えてきた。とは言ったものの、朝通勤客でいっぱいの駅のホームで濃厚なキスをしたら、やはり周囲の人たちは困惑するだろう。逆に二人きりになったのに、天気の話や、世間話しかしない、ということになるとそのカップルの先行きはあやしい。それぞれの社会コンテキストもひとつの「文化」としての役割を果たす。

③文化コンテキスト

対人コミュニケーションを取り囲むコンテキストとして一番規模の大きなものが文化コンテキストと呼ばれるものである。市町村、都道府県、関東、関西といった地方、国、アジア、ヨーロッパという単位の地域、という具合にたいへん多くの人間によって共有される文化で構成されるコンテキストを指している。また、場所だけではなく、性別、年齢、職業などによっても文化が形成される。男らしさや女らしさ、学生気質、社会人としてふさわしい行動、二十台の人たちと四十台の人たちの考え方、など社会的役割の違いによって、それぞれのグループ特有の文化が生まれる。また、私たちは一人で同時にいくつもの文化に属している。それぞれの文化コンテキストで、規範、常識などをあまり意識することもなく読み取り、それに応じた行動パターンの種類をいくつも身につけているという、たいへん器用な生き物である。

「異文化」は必ずしも外国ではない

文化は必ずしも国単位で分かれているのではない。ということになれば、「異文化」とは、外国に行かなければ、また特に四方を海に囲まれた日本からすれば、必ず海を渡って遠い国に行かなくては接することのできないというものではない。男と女、先生と生徒、親と子、医者と患者などの対人関係も異文化コミュニケーションという観点から見ることができる。

九州で生まれ育った人が、関東、東北に引っ越せば、文化の違いによって最初は多くの戸惑いがあるに違いない。また同じ場所に住んでいても、歳を重ねるにつれて、小学生から中学生、高校生、大学生、社会人へと違った文化コンテキストへと移っていく。結婚ということになれば、これこそ究極の異文化コミュニケーションの形と言える。

確かにアメリカやヨーロッパのようにさまざまな民族や宗教が複雑に入り混じっているところと比較すると、日本は単一性が高いのかも知れない。しかし、単一文化、単一民族などと呼ばれてきた日本にも、多くの種類の文化が共生し、共文化という枠組みを構成している。日常生活の対人コミュニケーションを異文化間の接触として見てみることによって得られる教訓は数多い。たとえば異文化適応のプロセスを人間関係に当てはめて考えてみると、相手に適応しながらも自分を保ちつつ、幅広い人間へと成長するプロセスをかいま見ることができる。

自分とは違ったものとの出会いを通して、新しい自分と出会う

新しい人との出会いは、新しい自分との出会いでもある。相手によって、対人コンテキストは逐次変化する。だとすれば、性格、趣味、嗜好、信念、将来の展望、人生観、世界観などにおいて多くの違った相手と出会い、人間関係を模索することによって、これまでには気がつかなかった自分を発見することもある、ということになる。「自己」は一枚岩なのではなく、多くのひだが複雑に絡まりあって構成する、そして時間とともに常に変化している。自分を新しい環境に置き、これまでとは違った相手と人間関係を築くことは、今までに気がつかなかった新しい自分の側面を発見することにつながる。

自分の考え方、価値観とは違った、つまり多少なりとも異なる文化をもつ人間との出会いを通して、自己認識を深め、これまでとは違った種類の人間関係を展開し、幅広い人間へと成長することができるのではないか。逆に、狭い枠の中でだけしか新しい人間関係を求めようとしない人は、いつまでも同じ、そして限られた範囲内でしか社会生活を送ることができない。

自分とは違ったものとの出会い、異文化への適応能力は、同じ文化内での人間関係発展能力と深い関係がある可能性が高い。異文化に適応するということは具体的にどのようなことを指しているのか、そしてそのプロセスではどのような能力が求められ、どのような問題が起こりうるのか、ということを考えることによって、同文化内での対人コミュニケーションに何らかの示唆を与えることができるかもしれない。

異文化適応のパターン

異文化に適応すると言っても、これはどのような状態を指しているのだろうか? 長い時間をかけて学習し、行動、考え方の枠組みとして慣れ親しんできた自分の文化とは異なるものに出会い、それに適応しようというわけだから、当然それなりの個人的資質、心構え、スキルを必要とする。その中でも、相手の文化に対する敬意と、同時に自分の文化に対する敬意をそれぞれどの程度備えているか、ということによって図8－1のような異文化適応のパターンが決まる。

これら四つのパターンのうち、最も理想とされる異文化適応のパターンは、当然、相手文化、自分の文化両方に対する敬意の念が強い、多元的適応である。異文化に適応するということは、相手の文化を理解し、肯定するのと同時に、自分の文化に対する敬意も保ち続けることである。

異文化適応と言うと、相手の文化を取り入れることだけを中心に考えがちだが、自分の文化を捨ててしまって、相手の文化だけを取り入れるのでは、極端な外国好きのパターンとなってしまう。これも一種の異文化適応のパターンかもしれないし、事実、異文化では少なくとも表面的にはそれほど多くの失敗をすることなくうまくやっていける。しかし、この適応のパターンでは自分の文化に再適応する際、かなりの困難が予想される。自己概念がしっかりとしないうちから、異文化での生活を始めると、確かにスムーズに溶け込めるかもしれない。そしてその文化の一員となるつもりならば問題ないのだが、もしいつかは元の文化に返るのならば、一

図8－1

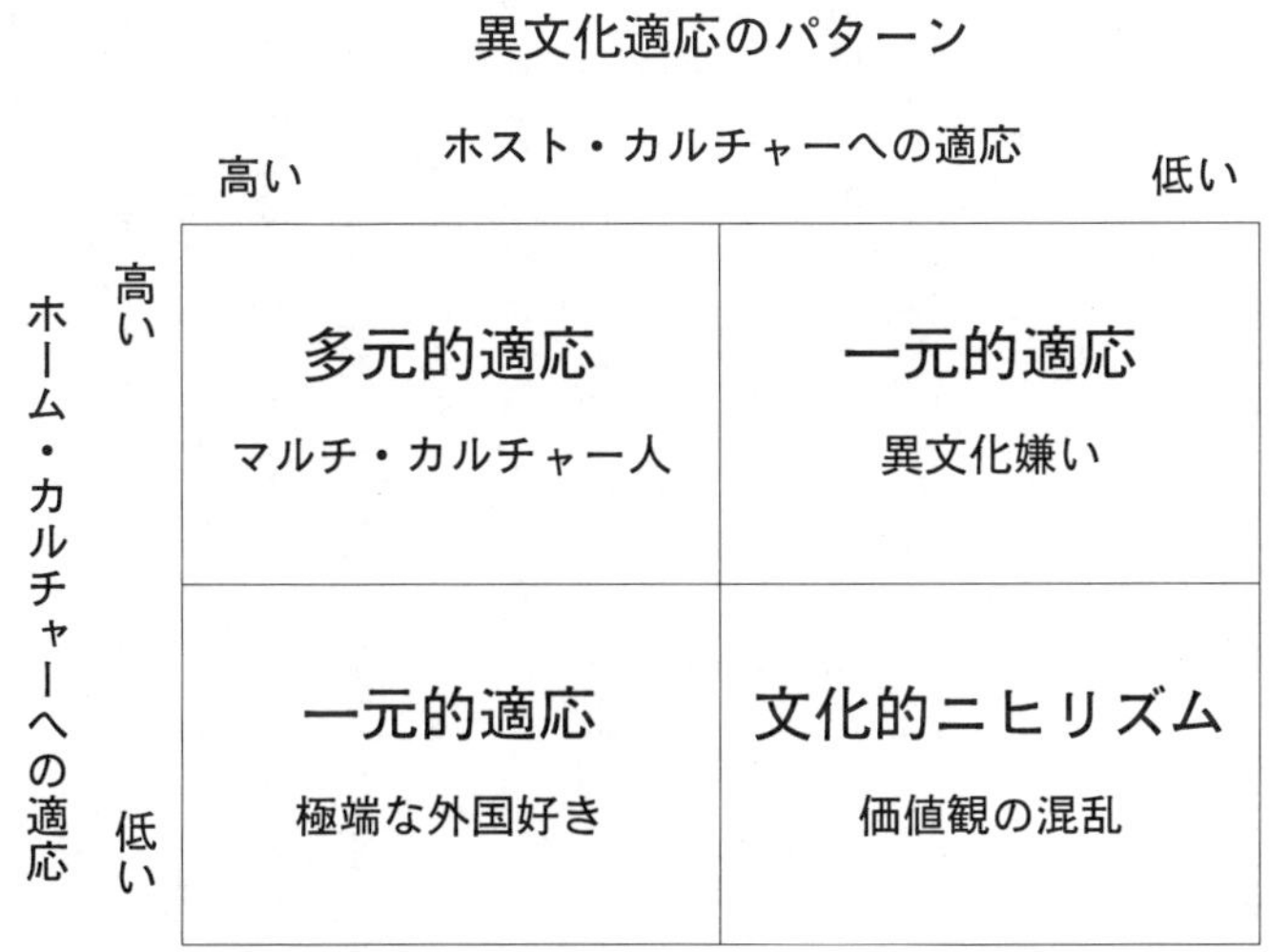

辺倒の外国好きは本当の異文化適応の手段としては通用しない。

逆に、最初から異文化に触れることを極端に恐れて避ける、「異文化嫌い」も問題が多い一元的行動パターンである。自分が慣れ親しんだ習慣、思考、行動様式などに触れる前から、「自分にはどうせ合わないだろう」とか、さらに問題なのは「そんな変なやり方ではうまくいきっこない」と決めてかかる。このような食べず嫌いでは、ひょっとするとこれまでには経験したことのない、素晴しい世界に出会うチャンスを最初から放棄していることになる。

最も問題の多い異文化適応、というより不適応のパターンは文化ニヒリズムと呼ばれる。特定の文化ではなく、人間のシンボル活動によって生み出された文化そのものを否定する変わりものの行動である。日本語で「ニヒル」というと、苦み走った、渋い、かっこいい人（特に男性）を思わせるようなニュアンスがあるが、虚無主義と訳されるこのことばは決してプラスの意味で使われることはない。人は一人では生きられないのに、周囲の人間的なものをすべて否定するような人は、異文化ではもちろん、自分の文化でも人間関係を築くことはままならない。

異文化適応のプロセス

異文化に適応するということは、自分の文化も保ちつつ相手の文化に対する理解、尊敬の念を深め、それぞれの文化的視点からものごとを見ることのできるマルチ・カルチャー人間になることを指している。当然のことながら、そのような二元的思考ができるようになるには、それなり

図8－2

異文化適応のプロセス

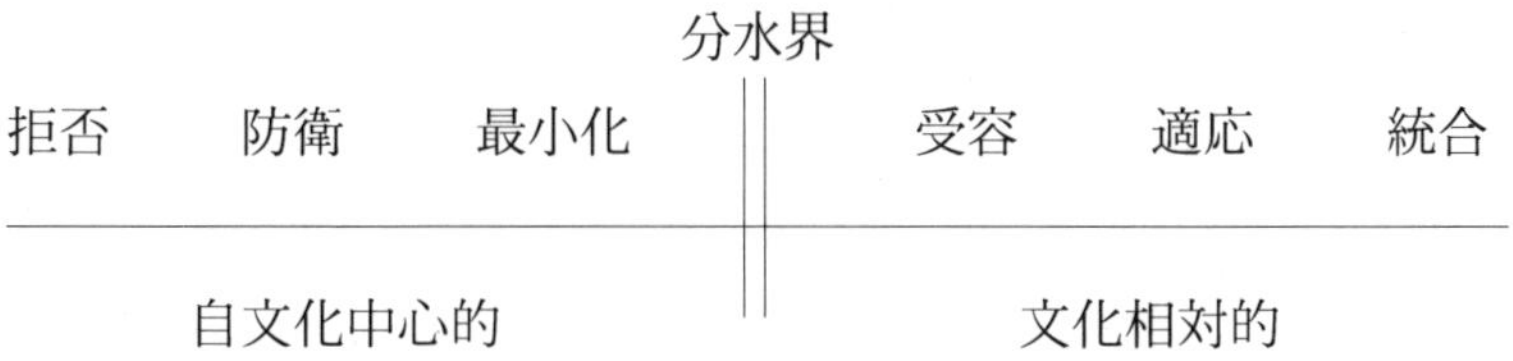

の段階を経なくてはならない。このプロセスは時間、経験、それに失敗を重ねて最終的な段階に到達するものである。満足できる人間関係を築き、対人コミュニケーションの「達人」になるには相当の努力を要するのと同じことである。

　もちろん個人差や、自分の文化と相手の文化の違いの程度などによっても異なるだろうが、異文化に適応するということは図8－2に示すようなステップを踏んで達成するプロセスであると考えられる。

　プロセスの最初の半分（拒否、防衛、最小化）は自文化中心的適応で、後半（受容、適応、統合）が文化相対的適応である。これらの間には、ちょうど山の中で川の流れの方向を分ける境界のように「分水界」があると考えられる。苦労して山の頂上まで登ったら、その先には今までとは違った景色が開け、視野が広くなる様子とよく似ている。

①拒否

　これまでに異文化と接触する経験がほとんどないために、自分と考え方、行動のパターン、習慣などが異なる人間の存在そのものを否定するという、異文化にはまったく適応しようとしない段階である。人間だれでもこれまでに馴染んできた環境で生活することのほうが、何が起こるかわからない、不安でいっぱいの環境に身を置くよりも快適であると感じる。

多くの人たちが最近パックツアーで、さまざまな国に出かけるようになった。これまでに行ったことのない海外で、日本では味わうことのできない異国の自然、文化、歴史、習慣などに触れ、見聞を広めることはたいへん結構なことである。しかし、多くのパックツアーは必ずしもこれらのことを目的とはしていない。ただ、「行ったことのないところに行った」という事実のみを残すために行っているように見える。

日本人だけのグループに、日本人の添乗員が付き、現地では貸切バスで移動し、食事は日本人の口に合うものをということで、ときには日本食のレストランに行き、ホテルでも日本語だけで用を足し、そしてお土産品店でも、店員が理解する、しないにかかわらず日本語で買い物をする。まさに、世界中が日本であるかのような傍若無人ぶりである。自分の文化と違ったものを味わうどころか、そのようなものは目にも入らない。当然、現地の人間からも冷たい目で見られ、その文化の一員としては拒絶される。

カルチャー・ショックといえば、異文化に移動する人間のみが味わう経験と考えられがちだが、実は、そのような人間を迎える側もショックを味わうことを忘れてはいけない。パリやローマで、現地の一般大衆にはあまり用のないブランド品を、バスいっぱいの日本人のおばさん観光客が、店ごと買い占めるような勢いで、日本語で何やらわめき散らしながら短時間にたくさん買ってい

WAIKIKI
S.C.
CUCCI
HAWA
TAXI
a tip?

く姿は、相手文化の人たちに少なからぬカルチャー・ショックを与えているのだ。

②防衛

パックツアーならば一週間や十日程でまたもとの日本に帰ってくる。しかし留学、海外勤務だと、その期間は短くても半年、一年になる。その間ずっと異文化を拒否し、周囲からも拒否され続けて生活するわけにはいかない。少しずつでも周囲に溶け込まなくてはいけないと思いつつも、それだけの異文化コミュニケーションの術はもっていない。この段階で見られる行動パターンが、自分の立場、価値観、プライドなどを一生懸命守ろうとする、防衛である。

日本文化で永い間かけて培ってきた行動、思考のパターン、それに基づいて築いてきたみずからの地位、そして自分を大切に思う気持ち、つまり自尊心などが、異文化ではそのままでは通用しなくなる。日本で築いたものが大きければ大きいほど（大きいと思っているほど）、異文化でそれを失ってしまうかも知れないという恐怖心は強くなる。

そこで、異文化では心を許せる相手（多くの場合日本人）とだけ、限られた範囲の話題についてだけ話をする。すると、一応自分の立場、プライドは傷つくことなく守られる。

しかし、当然人づきあいの範囲はごく限られたものとなり、とても異文化に適応している状態には程遠い。「ニューヨークで五年勤務した」と自慢げに話す人は、ひょっとすると朝から日本の新聞を読み、日本語のテレビ番組を見て、味噌汁とご飯を食べて日本人ばかりがいる会社に出かけ、ほぼ一日中日本語で仕事をし、昼は近くのラーメン屋、夜は日本料理店からマージャン屋、カラオケという生活を送ったのかもしれない。子どもは日本語学校に通い、日本から送られてくる教科書、参考書で帰国後の受験競争に遅れないように勉強し、奥様方は日本のスーパーに出かけて買物をするという具合である。

確かに好きでそのような生活を送るわけではなく、環境がそのような生活を送らせるようになっていることも多いだろう。しかし、これでは「ニューヨークで」生活しただけで、「ニューヨークの」生活をしたとは言えない。このような人たちは、自分たちはカルチャー・ショックを受けることなく、安全な生活を送れるという安心感が強いだろう。しかしこの場合も、相手、つまり現地の人間がこれらの人たちから受けるカルチャー・ショックは小さくない。

③最小化

異文化での生活にある程度慣れてくると、落ち着いて周囲を観察し、自分の文化との違いや共通点などが少しずつ見えてくる。それまでは自分と周囲とはまったく違った文化であるとしか思えなかった異文化も、意外とおもしろそうなところがあることに気付く。そうすると今度は「自分の文化と相手の文化とはそれほど変わらない。食べ物の習慣や、日常生活のパターンが少々違っていても、所詮われわれは同じ人間じゃないか。人類皆兄弟」と思えてくる。

つまり自分の文化と相手の文化との間には、それほど根本的な違いがあるのではなく、表面に現われる行動のパターンにいくらかの違いがあるだけだ、というように文化差を最小化して認識してしまう。

たとえば、これまで行動や考え方があまりにも違い、相互理解など絶対に不可能だと考えてきた外国人の同僚が、意外にも日本の寿司が大好物だということを発見する。一緒に寿司屋に行き、日本酒を飲みながら、できる範囲で会話をする。箸がうまく使えるのを見て、「いつ、どうやって箸を使えるようになったのか」と、お世辞のつもりで相手をほめる。そして「意外といい奴だ」という気になる。

考えてみれば、寿司を食べることは日本人にだけ与えられた権利でもないし、まして箸を使うなど日本人だけの特技でも何でもない。逆に最近の日本の子供のほうが箸を満足に使えなくなってしまっているくらいだ。自分の文化を認識の中心に置き、まわりのものをすべてその基準で、観察、理解、解釈、判断し、自分と相手との差が決して乗り越えることのできないものではなく、それほど大きなものではないという誤った結論に達してしまう。

当然共通点も数多くあるだろうが、人間は皆、顔がそれぞれ違うように、同じ言語をしゃべり、毎日似た生活を送っていても深い部分の感情、価値観などは異なるものである。自分と相手との間にはそれほど差がないと思うのは、自分を中心に、また優位に考えた結果にほかならない。

④受容

異文化適応の分水界を超えて、文化相対的な行動にでるには相当の時間、多種多様な人との交わり、そして時には手痛い失敗も必要だろう。しかし、自分の文化を常に視座の中心にすえた異文化コミュニケーションの行動から、山の反対斜面にある、「文化とは優劣をつけて考えるものではなく、世界中さまざまな考え方をした人間が存在し、彼らとの出会いは自分自身の成長にむすびつけることができる」という考え方に達したとき、初めて峠を超えたといえる。その文化相対的適応の最初のステップが受容である。

この段階では、これまで受け付けることのなかった、異文化の人間の行動、考え方のパターンを見て、「ところ変われば品変わる」ということを理解することができるようになる。

たとえば、アメリカの銀行でこんな経験をした。アメリカに長期住んでいたころで、翌日の出張に備えてキャッシュマシンで現金をおろそうとしたところ、「十分な残高がない」というメッセージが返ってくるだけで、現金が出てこない。そんなはずはない、と思って店内で尋ねてみると、親切に「こちらにおかけください。これから調べます」という応対であった。ここまではよかったのだが、「ああ、これですね。この小切手が大きな額になっていて、それで残高がなくなっています」と言われた。

コンピュータのディスプレイ上で指差された小切手の額が確かに数千ドルになっている。しかし、そのような高額の小切手を切った覚えはなかった。よく見ると、何と桁が一つ間違っているではないか！そのことを説明して、直ちに残高を修正し、現金をおろせるようにしてもらいたい、という当然の要求に対して、相手は「実際の小切手を見つけて、確かに額が間違っていることを確認してからでなければそれはできない」と言う。にこにことしていた先ほどまでの表情とは違った、冷たい、突き放すような態度に変わっていた。

その従業員からしてみれば、銀行の落度か、あるいは、こちらが故意に銀行をだます目的でやっているのかが確認できない段階で残高を修正することはできないのだろう。しかたなく、「ではどのくらいの時間がかかるのか」という問に対して、「今日は金曜日でもうすぐ業務が終わるので、来週の月曜日、遅ければ火曜日か水曜日ころになる」というつれない返事だった。結局何とかほかの方法で現金を調達し、無事に学会に行くことはできたが、日本ではまずありえないミスと、その対処の方法に対して腹の虫はおさまらなかった。翌週になって、それが銀行のミスだということがわかり、残高はこちらの計算通りに修正された。しかし、そのミスに対して、またこちらが不自由、不愉快な思いをしたことに対して謝罪をする様子でもない。抗議の電話に対して、窓口で応対した係の「こんなことがあって残念だった」という主旨の一言で終わった。

よほど、銀行の上部に対して抗議の手紙でも書こうかとも思ったが、「ここは日本ではない」ことを思い出してやめた。もし、窓口の人間にかみついても、「額を間違えたのは私ではない」という答しか返ってこないに決まっている。上部に対して抗議しても、「間違いが起こったことは残念だが、だからといってどう償えと言っているのか」くらいのことしか返ってこないだろう。

会社の隅々まで、「我が社」、「私どもの○○社」という意識が浸透している日本の企業とは違って(最近これも変わりつつあるが)、アメリカではあくまでも「個人対会社」という意識である。「よくそんなことで客相手の仕事がやっていけるものだ」と考えるのは、日本流の考え方を社会、文化、思想などの点で背景が異なるアメリカに押し付けていることになる。「違った文化では違った生き方があり、それで成り立つんだ」と、少なくとも頭の中では認識、理解するのが受容のレベルである。

⑤適応

異文化適応も、このレベルまでくると、単に表面的、あるいは頭の中だけで考える段階を経て、名実ともに、つまり理屈でも行動でもかなりの程度周囲の文化とつきあうことができるようになる。異なる文化的背景をもつ人間どうしが出会い、対人関係を築くシンボル活動のメカニズムについてのしっかりとした理解をもち、その理解に根差した行動パターンを備えている、という段階である。

相手が外国人である場合は、その外国語を正確に、また状況に応じた使い方をし、さらに非言語面でも、さまざまな状況で正確で的確、効果的な手段を講じることが求められる。異文化コミュニケーションの能力もかなりの程度まで習熟し、人間関係を維持するために必要なスキルは一応すべて身についている状態を指している。相手と自分との文化的距離、つまり、価値観、世界観、習慣などの点での相違を感じ取り、相手に共感を示しながらも、自分の目標は達成することのできるコミュニケーション能力を備えている。

先のアメリカの銀行での出来事を例にとると、自分に不都合なことがあっても、冷静にそして正確に状況を把握し、きちんと自己主張をし、相手との交渉に臨むだけの説得、批判、リスニング、問題解決、などにおいて幅広い異文化コミュニケーション能力を自分のものにしている状態が「適応」と呼ばれる。

しかし、次の「統合」のレベルと比較すると、本来の自分の社会的行動と、異文化での行動との間にははっきりとした溝が存在し、それを意識して超える努力を必要とするのもこの段階での特徴である。したがって、異文化の相手との人間関係がうまくいっても、「自分が合わせてあげている」という意識が働き、一度つまずくと「人間関係がうまく行かないのは相手に問題があるから」とか、「異文化人間とのつきあいはこんなもんさ」と開き直った態度に転じるのもこのレベルでの特徴である。

⑥統合

異文化適応のステップを登り詰めてたどり着くのが「マルチ・カルチャー人間」と呼ばれる、複数の文化を備えた人間の誕生である。相手の文化を根本から理解し、同時に自分が本来もっている文化的背景に対しても深い敬意を持ち続けている状態を指している。その結果、ものごとを複数の文化的視点から観察、理解、解釈することができるようになる。複数の文化を、優劣の差別なく身につけるには複雑な行動パターンが要求される。このレベルまで到達するのは容易ではないが、一度達成すると、ときにはAの文化の人間として行動したり、また別のときにはBの人間として行動するというコード・スイッチングと呼ばれる転換が自在にできるようになる。

マルチ・カルチャー人間などというと、何か特殊な遺伝子をもって生まれたり、幼いころから知らないうちに複数の文化的体験をしたりという、つまりある程度の年齢を過ぎた後いくら努力しても達成できないゴールのような印象を与えるかもしれない。

しかしながら、私たちは自分では気付かないうちに、そしてたとえば日米などの大きく異なる二つの文化の組み合わせではないにせよ、だれもが複数の自分をもっている。

どのような人も状況、接する相手などによってさまざまな役割を演じる。ひとりの人間が、状況によっては女に対する「男」、妻に対しての「夫」、子供から見た「父親」、会社の人達からすれば「課長」、また釣仲間からすれば「友人」など、さまざまな役割を持っている。これらの役を演じる際、それぞれの役には周囲から期待された行動パターンがある。そのパターンに反する行動をすると、「変人」、「社会的不能」など、何かが異常である、あるいは社会的な能力が十分に備わっていないという判断が下されてしまう。

このように、個人によって程度の差はあるものの、私たちは皆マルチ・カルチャー人間としての潜在的素質は身につけている。問題は、そのことを意識して、自分と考え方や価値観が異なる相手と接する際に、その相手の文化的背景を理解、共感しつつも自己を失わずに人間関係を築くことができるか、ということである。異文化の人間と接する際に、自分と異なる部分に対して拙速な価値判断をしたり、不必要な劣等感をもつことなく、そのような接触を逆に楽しむくらいの余裕をもってコミュニケーションをすることができる、というのがマルチ・カルチャー人間に求められる対人行動である。

日本人の異文化適応の特徴

日常の対人関係の営みを、異文化適応のプロセスと対比させながら考えてきた。人間関係を築くというシンボル活動では、相手との文化的相違をどのように認識、理解し、その相違を人間関係のプロセスの中で、どのように位置付けるかによってそこから得られるものは質、量とも異なる。日本人と、アラブの人間、などという、言語、歴史、習慣、価値観などすべての点で大きく異なるような異文化接触から、同じ日本人どうしでも男と女、高齢者と若者、教師と生徒、上司と部下などのように文化差が小さい場合まで、人間関係を異文化コミュニケーションとして見てみることには意義がある。

それでは、一般的には日本人には異文化接触において、どのような特徴があり、それらは果たして異文化コミュニケーションにどのような影響を与えているのだろうか。平均的な日本人の異文化適応に対する適性を考えることによって、私たちの日頃の人間関係の特徴をかいま見ることができる。

① 「異質馴化」――出る杭は打たれる

私たちは、だれでも自分と似た考え方、行動パターンをもつ人間に対して魅力を感じることはごく自然なことである。考え方、性格などが似ていると、次にどのような行動をとるか、それぞれの場面でどのようなことを考え、感じているのか想像することができる。そこからくる安心感は、何をしでかすのかわからない、何を考えているかわからない人と一緒にいるときに感じる不安感とは対照的である。

多種多様な人種、民族が混在する多くの欧米やアジアの国々とくらべると比較的均一性の高い日本文化では、根本的に考え方が違う人と出会う機会はそれほど多くはない。周囲を海に囲まれ、どこに行っても日本語が通じ、また察し、甘え、遠慮などが美徳とされる高コンテキストのコミュニケーションを特徴とする日本文化。ここでは、自分達と人生観、価値観、宗教、習慣などが根本から異なる人を受け入れることにどうしても大きな抵抗を感じることは当然のことだろう。一体感、帰属感、仲間意識、などといった甘い情緒のほうが、個人の理性、客観的な実績、論理的な表現力などよりも優位を占める。

この結果、自分達とは違った経験、知識、資格などを持つ人間が集団に入ろうとすると、まず何とかしてそれを阻止しようとする。「和を乱す」とか、「社風に合わない」などという理由で排除しようとする。しかし、それができないとなると、今度は何とかその「変わり種」を自分達の考え方、行動のパターンに合わさせようとする。「それができなければ痛い目にあうぞ」という無言のプレッシャーをともなって。まさに「出る杭は打たれる」である。

最初から異文化が集合してできたような文化では、周囲と違った意見、考え方をもっているのがあたりまえで、「私もあなたと同じ意見だ」ということを何度か繰り返すうちに、ついには意見を求められなくなってしまう。アメリカなどがいい例で、日本では長所とされている、周囲に合わせることは短所とさえ考えられている。

このように、自分と違った考え方は受け付けようとしない、何とか自分の考え方に同調させようとする傾向が強い日本文化では、どうしても初めて出会う人を自分の枠組みの中だけで観察、理解、判断しようとする。最近、特に若者の間で価値が多様化してきたといわれる日本。今後自分がこれまであたりまえと思ってきたことと全然違った考え方をする人間と出会ったとき、いかに相手の立場に立って物事を見ることができるか、ということが対人関係を豊かにする上で大きな鍵を握っている。

②自文化中心主義——日本人特殊論

日本人ほど自分達が人から、また特に外国の人間からどのように見られているのか気にする人種はいないといわれている。書店に行くと常に「日本人論」と呼ばれるジャンルに属する新しい本がたくさん並んでいる。日常の生活ではなかなか見ることが難しい、自分達の考え方、生き方などをその道の専門家が提供してくれるさまざまな角度から観察し、反省し、自己啓発に励もうとする態度は立派である。

しかし、注意しなくてはならないことがある。日本人は自分達が他の文化とはすべての点で異なり、日本人の血を受け継がなくては日本人の心を本当に理解することができない、という「日本人特殊論」を知らず知らずのうちに作り上げてしまっているのではないか。さらに、単に特殊というところで止まっていれば問題ないのだが、自分達の文化が世界の中心にあって、その周囲に違った、そして自分達よりも劣った文化が存在するという価値判断、つまり「自文化中心主義」の態度を身につけてしまっているのかもしれない。

文化には優劣をつけることはできないはずだが、だれもが自分の文化に対しては一定の誇りをもっている。しかし、そのことを客観的に認識して行動しているか、あるいは知らず知らずのうちに他の文化を見下したような行動をとるか、ということによってその人の異文化適応、さらには自分の文化での対人行動は大きく異なってくる。

このことを意識することは容易ではないが、周囲の人間の行動を観察することによって日本人の異文化行動パターンを見ることができる。たとえばマスコミの報道。海外で活躍する日本人スポーツ選手の成績や途中経過を取材、報道するのは結構だが、必ずといっていいほど「ニッポンの☆☆が健闘して現在のところ五位につけている」とか、「ニッポン人選手の◇◇は腰痛のため、残念ながら途中棄権」など、あたかも日本人のために競技が行われているかのようである。結局、試合全体がどうなったのか、優勝したのはだれなのかは報道されずじまいというのも珍しくない。そもそも日本のマスコミにちやほやされて、実力の割にはのぼせ上がっている日本のプロゴルファーが、世界のトッププロを相手に勝てるわけがないのだが、そこは「故郷に錦を」という古くからの日本人のムラ意識のせいか、あからさまな日本人選手だけの応援に徹し、スポーツ観戦そのものの楽しみ方はよくわかっていない人が多い。

同じことは、海外で大きな事件、事故が起こったときにも見られる。日本人がアメリカで銃弾の犠牲になったといえば大騒ぎし、「アメリカのだれもが銃を簡単に買える仕組が今回のような悲劇を起こす原因となっている」などと、内政干渉としかいいようのない批判をする。確かに、銃がそれほど蔓延していない日本（最近、警察、ヤクザ以外の一般の人間が銃を持っている割合は確実に増えているが）では、このような事故や事件が起こる確率は低い。しかし、だからと言ってアメリカという国家のこれまでの歴史や、現在の人種、文化の複雑な問題を抜きにして、「銃の規制をすべきだ」とか、「だからアメリカは危険な国なんだ」などというのははなはだしい自文化中心的な発想である。

海外で航空機が墜落したり、ホテルで火災が起こった場合、テレビ、ラジオの報道では、二言目には「日本人の乗客はいなかった」、「現地の日本大使館の調べでは、犠牲者のなかに日本人は含まれていない」ということが、一種の安堵のトーンで伝えられる。家族や知り合いが現地に行っているような人にとっては、このことが何よりも重要な情報であるにちがいない。しかし、このようなあからさまな「自分さえよければ」主義ではこれからの国際社会はおろか、自分の文化の中での人間関係もうまくいかない。

③日本人の人間関係の特殊性――やさしい、傷つきたくない、甘い関係

日本人の異文化適応にマイナスの力を与えていると思われるもうひとつの要素が、日本人どうしの人間関係のあり方である。日本人は特殊な人種であり、日本人にしかその本質は理解できないという特別視は異文化適応を困難にする。しかし、確かにひとづきあいの上では、日本人にしか感じ取ることのできない、そして相手が日本人でなければわかってもらえない独特の社会的風習が存在する。

思いやり、察し、遠慮、甘えなどの概念は、それぞれの微妙なニュアンスを失うことなく外国語、たとえば英語に置き換えることは困難である。このことは日本人以外のこれらの考え方を、日本人どうしの状況でとまったく同じように行動に表わす人達はいないことを物語っている。相

手の立場を思いやり、ひとつひとつ言われなくても気を利かして相手の気持ちを読み取り、先回りして行動する。また、こちらが言いたいことを全部口に出すのではなく、感情を抑制しながら、ことばを選んで、角が立たないようなコミュニケーション行動に心がける。さらに、年齢、性別、社会的地位などによる上下関係にも十分配慮し、だれから指図されることもなく、それぞれの社会的状況で求められる適切な行動をとることができる。これらはみんな、日本人として社会で生きていくために求められるコミュニケーション能力である。

確かに伝統的には、これらのコミュニケーション能力が効果的であると考えられてきたかもしれない。これらの能力は、相手の立場をよく考え、思いやりのある、やさしい集団の一員となるのに適しているように思える。特に、強い個人に成長することを目的としたアメリカなどでの小学校の教育などとは対照的である。

しかし、最近、表面上はあまり変化のない、あいまい、察し、遠慮のコミュニケーションが、実は相手のことを思いやることが目的ではなく、自分の立場を維持、確保するためのものであるということが指摘されている。やさしい人間関係というのは、相手に優しいのではなく、自分に対する優しさ、つまり自己保全、保身のコミュニケーションというのである。相手と意見が食い違い、対立が表面化しそうになっても、決して相手を傷つけるような、または角が立ちそうなことは言わない。これは表面上やさしいコミュニケーションに見えるかもしれないが、実は相手が傷つくことによって、それが自分に返ってくることを恐れるために最初から相手を批判するようなことは言わない、という動機であれば、同じ「やさしいコミュニケーション」でも意味が違う。

本音と建前、察し、思いやり、気配り、謙遜など、本来人間関係を円滑にするための日本的なコミュニケーションの手段だったはずである。しかし、それらの行動と動機との間のずれによって、逆に日本人どうし、あるいは異文化の人間との人間関係をかなり困難なものにしているというのは皮肉なことである。人間関係でのリスクをできる限り最小限にとどめたいという最近の日本人の考え方によって、日常の対人関係が希薄なものになっている。

異文化適応に必要な能力

異文化の人間と対人関係を築き、それを維持、発展させていく上で、日本人の人間関係の特徴が障害となることが予想される。これらの「障害」は異文化コミュニケーションの状況だけではなく、日本人どうしの対人関係にも影響を与える。そこで、異文化の相手との場合を含んだ人間関係発展に求められている考え方、心構え、そして実際の行動（スキル）にはどのようなものがあげられるのだろうか。異文化に適応するのに必要な能力は、相手との文化差がそれほどない場合にも役に立つのではないだろうか。近藤裕氏が「異文化適応講座」の中であげている十項目の能力を借りて考えてみたい。

1　観察力

相手の文化の特質を、偏見を抱かずに正確に観察することができる。事実と、推論や仮定との区別ができる。正確な観察をするために自分と相手との間に優劣の判断をしない。

2　敬意の表現、伝達能力

異文化の相手に対して敬意を示し、伝えることができる。予想や期待に反する事態に直面しても、とりあえず相手に対する敬意を表現することができる。

3　柔軟性

自分がなじんでいる行動様式に固辞せず、新しい行動様式を取り入れることができる。自分や相手の行動パターンがそれぞれの文化の枠組みに規定されていることに気付いている。行動様式の変化や、それに伴うリスクを恐れない。

4　感情移入

異文化の相手の考え方や心情が、何に基づいているかを見つけることができる。自文化における現象と類似していることを、自己流に解釈したりしない。異文化で出会った行動様式が自文化ではどのような意味を持つか想像できる。

5　判断留保の能力

相手の行動を見て、価値判断を急いだり、自分流の結論に結びつけようとしない。異文化やそれに属する相手に対して、ネガティブな評価を慎むことができる。物事を評価する自分の価値観を理解している。

6　忍耐力

困難な状況に遭遇したときに、冷静な感情と思考を維持できる。フラストレーションを感じるときに、その原因を見極め、自分をコントロールできる。さまざまな人間関係の状況にプラス志向で臨むことができる。

7　代替案を作り出す能力

最初の考えや行動が、期待したとおりの結果をもたらさなかった場合に、別の考え方や方法を考えることができる。自分の考え、やり方を客観的に見直すことができる。問題解決にあたり、臨機応変に対応できる。

8　現実的な目標を設定する能力

自分の能力や周囲の状況に即した目標を設定でき、目標達成のための、具体的なステップを設定できる。さまざまな要素を考慮に入れて、実現可能な「ゴール設定」をし、それを達成するための実践的な計画を立てることができる。

9　対人関係を確立し、維持する能力

友だちは自然に「できる」のではなく、自分から進んで「つくる」という意識をもっている。人間関係を積極的に作り、維持するうえに必要なスキルを心得ている。

10　対話能力

積極的に会話を進め、同時に相手の話に対するリスニングの能力をもっている。だれとでも、優越感や劣等感にとらわれず対応できる。状況や相手にふさわしい話題を備えている。自分のコミュニケーションの特徴を知っている。

これらの能力はすべて異文化の人間との関係を円滑に、そして豊かにするために大きな効果をもつ。しかし、相手が異文化の人間に限らず、自分と似たような文化的背景をもつ相手との対人関係にもたいへん効果的である。日本人どうしといっても、それぞれの人間が生まれ、育ってきた環境は異なり、性、年代、職業、などによってもずいぶんと考え方、行動のパターンは異なるものである。異文化に適応するための能力を備えているということは、日本人どうしの人間関係を円滑に営んでいく上での能力も身につけているということになる。したがって、異文化でのコミュニケーションと自文化内でのコミュニケーションとは近い関係にある。

プラス志向で、カルチャー・ショックを自己成長に結びつける

相手が異文化、自文化の人間にかかわらず、満足な対人関係を築き、維持、発展させていくには多くの能力を必要とする。そして、異文化適応に求められる能力が、文化的背景を共有する相手との日常の人間関係にも応用できそうである。

異文化に接するとき、必ず話題に上るカルチャー・ショック。旅行、留学、出張、仕事などで海外に行くとき経験する。しかし、外国に行かなくても日常の人間関係で起こるカルチャー・ショック。引っ越し、小学校から中学、高校、大学に進級するときにもカルチャー・ショックを経験する。転職、異動、昇進でもそうだ。それまで別々の生活をしてきた一組の男女が、同じ屋根の下で一つの家庭を築く結婚という異文化コミュニケーションでも当然、カルチャー・ショックが起こる。

カルチャー・ショックは、これまで慣れ親しんできた行動、思考のパターン、それに周囲のシンボルが急になくなり、新しいものに囲まれたときに感じる不安からくる。外国に行くと、当然ことばが違う。空港のアナウンス、いたるところに書かれているサインももちろん外国語。ファースト・フードを注文するときも外国語。店で出される食べ物はこれまでに見たこともないものばかり。気になり始めると、水の味、空気の味までもが変に感じられる。しかし、外国語、食べ物、水、空気、そのものがカルチャー・ショックなのではなく、それに対する人間の反応がカルチャー・

ショックの原因である。

したがって、カルチャー・ショックは外国に行かずとも、日頃の社会生活でいくらでも経験しうるものだ。だとすれば、その本質、原因、そして対処法を心得ておくことによって、カルチャー・ショックを利用して豊かな人間関係を築き、そして異文化に適応することができる。

①カルチャー・ショックの兆候

カルチャー・ショックは、これまでに経験したことのない文化や、出会ったことのないような人に初めて出会ったときに感じる不安からくるもので、ショックを受けることは自然なのだ。ある程度のショックは自然なもの、さらには心地よいものとして受け入れられるが、度を超したり、心の支えとなるような頼れる人もいないような状態が続いて不安や不満が鬱積すると好ましくない結果に陥ることもある。

そこで、カルチャー・ショックを受けた際、どのような兆候が現われるのか、ということを知っておくと、周囲はもちろん、自分でもその先どのように対処すればいいのかがわかる。

a　自分の健康、周囲の衛生に対する心配

初めて訪れた場所、特に環境が大きく異なる外国では、「水は飲めるのだろうか」、「食べ物は口に合うだろうか」、「病気になったら自分に合う薬がすぐに手に入るのだろうか」など、まず生活に直接かかわる部分に対する不安が生じる。ある程度仕方のないことだが、あまりにもこれらのことを気にしすぎると、その文化に適応したり、そこの人たちと有意義な人間関係を営むことなど到底難しくなる。

b　だまされたり、襲われるのではないかという不安

ことばがうまく通じないということは、相手が何を考えているのかを正確に知ることができないということである。約束、交渉、説得などのコミュニケーションのパターンが異なると、知らず知らずのうちに相手のペースに巻き込まれ、自分が不利な結果になるのでは、と心配になり、最初から相手を疑ってかかってしまう。相手に対する不信感が強い状態ではしっかりした対人関係は望めない。

c　無力感、絶望感

異文化に接する前に、ことば、マナー、社会的風習など、できるだけ自分なりに準備をしてきたつもりである。しかし、たとえばことばというものは、テキストを使って教室の中だけで身につくものではない。実際に現地に行ってみると、自分がある程度の自信をもっていたコミュニケーション・スキルが全然通用しない、ということもよくある。こうなったとき、自信をなくし、特に留学、仕事などで海外に行くようなときは将来に対して絶望することさえある。無気力、無関心もカルチャー・ショックの現われである。

d　ホームシック

自分が残してきた家族、友人などのことを思ってセンチメンタルな気分になったり、早く帰りたいという気持ちになるのもカルチャー・ショックの兆候である。外国に行って、「白いご飯と、味噌汁の食事をしたい」、「風呂に入りたい」という気持ちになる人は多い。長い間慣れ親しんできた生活のパターンは空気のようなもので、なくなったときに初めてそのありがたさがわかる。留学、進学、結婚など、はなやかな門出の裏には必ず以前の生活パターンを懐かしく思う気持ちがあるものだ。

e　周囲に対する敵対心

新しい文化、初めての人との出会いが自分の思うとおりにならないとき、それを自分の落度と考えるのではなく、周囲、相手に問題がある、と考えてしまうと、うまくいくものもいかなくなってしまう。ひとつひとつを順序正しく伝えようとする低コンテキスト文化、たとえばアメリカから、「一を聞いて十を知る」ことが奨励される日本のようなところに来ると、「どうしてこの国の人間はこんなに不親切なんだろう」と思える。その気持ちが高じると、周囲の人間がすべて敵に思えてくる。

f　自己アイデンティティーの喪失

自分がだれなのかという自己概念はそれぞれの個人が生活する、社会的、文化的コンテキスト

図8－3

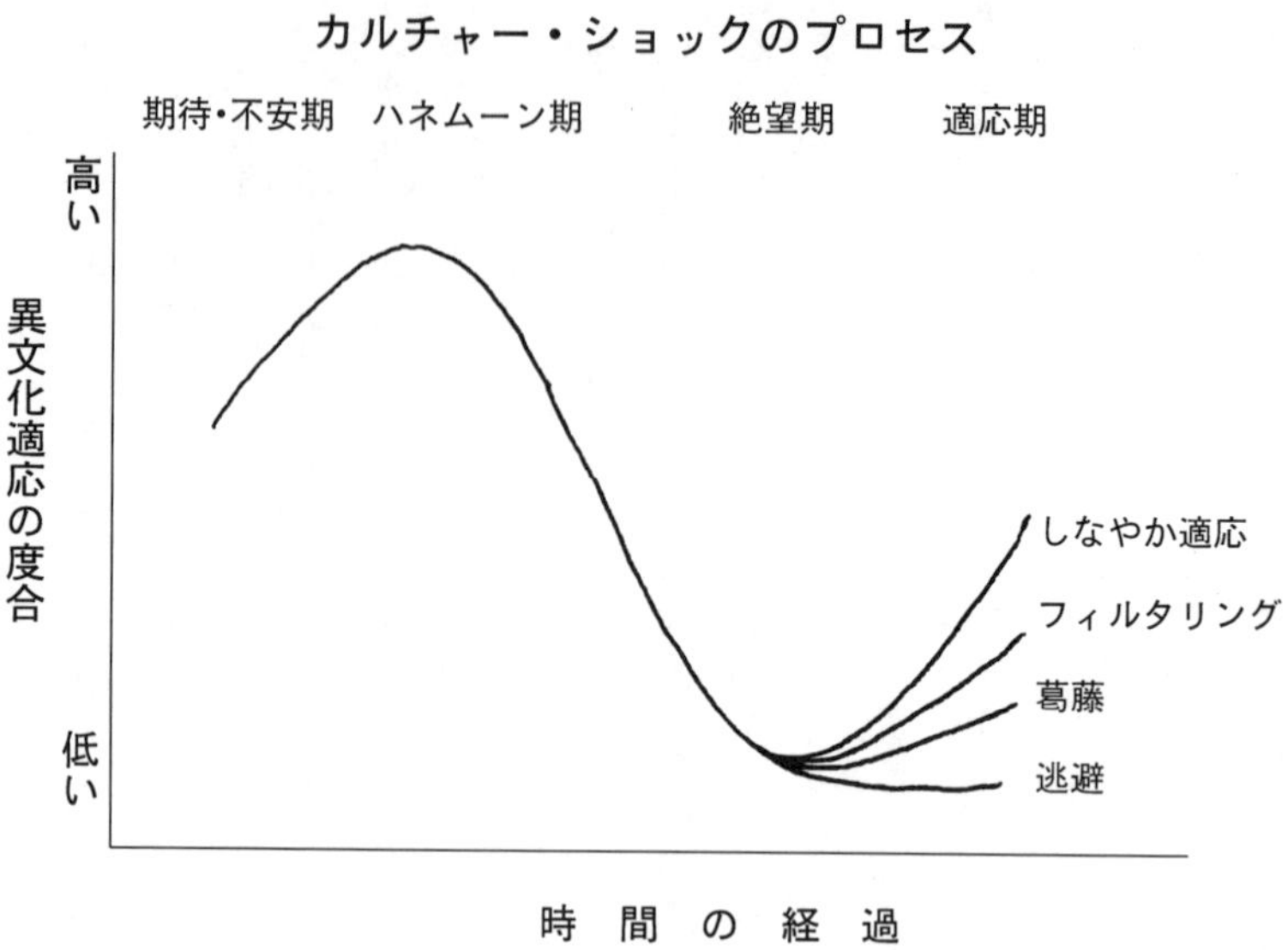

で形成される。違った文化で生活するには、今までの自己認識を調整しなくてはならない。調整といっても時差にあわせて時計の針を進めたり、遅らせたりというようなわけにはいかない。もともとの文化での生活が長ければ長いほど、そしてその文化で社会的、経済的に安定した地位を築いていた人ほど新しい文化で新しい自分を発見することが困難である場合が多い。

②カルチャー・ショックのプロセス

「ショック」というと、一瞬の出来事のような印象を与えるが、カルチャー・ショックは、図8－3に見られるように、比較的長い時間にわたって起こるひとつのプロセスである。海外留学を例にとって考えてみよう。

カルチャー・ショックの伏線は新しい文化に接する前から始まる。「期待・不安」期がそれである。留学することが決まって出発までの準備期間、もちろん留学に対する期待で胸はときめく。しかし同時にその期待と同じくらい、場合によってはそれよりも大きい不安も感じる。次の「ハネムーン」期はまさに新婚ほやほやの時のように、すべてがバラ色である。留学前にもっていた不安も、周囲の人たちのやさしい気持ちによって吹き飛ばされる。順風満帆、これからの人生に対して大きな期待をもつ。

その期待が大きければ大きいほど、その後にくる「絶望」期の衝撃が大きい。ジェットコースターのように、瞬時に絶頂からどん底へと下るわけではないが、少しずつ山のてっぺんから下るようにしてカルチャー・ショックを感じる。

ショックの度合、内容、そしてその対処法によってその後再び、新たな絶頂期を迎え、ひとまわり大きな人間へと成長できたり、逆にアイデンティティーの混乱、異文化不適応、自信喪失など困った結果を導くこともある。

③カルチャー・ショックの対処法

図8－3にもあるように、カルチャー・ショックを受けたときの対応は人によって、あるいは状況によっては同じ人でもさまざまなパターンがある。

異文化に対する不適応のショックから立ち直ることができずに、その文化との接触そのものをやめてしまうのが「逃避」と呼ばれる反応である。人間関係でうまくいかない部分を何とか修復しようと努力するかわりに、その関係に終止符を打つ。確かにそのような決定的な対処の仕方が求められる場合や、逃避が最も効果的であるような状況もあるだろう。しかし、挑戦から逃げるということは自己成長の機会を放棄することでもある。

「葛藤」は周囲の文化的、社会的環境との闘争を意味する。これまでに経験したことのない、異文化の常識、価値体系、人間関係を取り巻く慣習から征服されそうになる自分を何とかして守ろうとする動機からくる。自己防衛のためには自分の存在力を高めるのと同時に、相手の弱みを見つけてそこを攻撃するという手段に出る。自分を高めるといっても簡単にはいかないので、当面やはり自文化中心主義的対応によって、相手を拒絶する行動に出る。自分を相手に開いて、弱みを握られたり、変に人間関係を作ろうとして失敗することを恐れ、極力自分を外に出さないようにすることも自己防衛の手段である。

「フィルタリング」という異文化適応の方法は、部分的に相手の文化に自分を合わせ、他の部分では相変わらず自分の殻のなかに閉じこもっている状態である。逃避や葛藤と比べるとかなりの進歩である。少なくとも表面的にはうまく異文化に適応し、人間関係を楽しむこともできる。ただし、部分的には適応しているものの、自分の深い部分を脅かされるような接触は避けようとする。対人関係でも合わせられる範囲内でのみ相手とのつきあいをする、というのがこのパターンの特徴である。

「しなやか適応」が、カルチャー・ショックを受けた際最も理想的と考えられる対処方法である。相手に共感しながらも、自分の価値観や、長年培ってきた行動、思考パターンを大きく変えることなく、異文化に適応し、さらに相手文化を真に理解しながら受け入れる、つまりマルチ・

カルチャー人間になるために必要な対処法である。当然このような異文化適応ができるようになるには、相当の時間と経験、それに多くの失敗が必要だろう。最初からしなやかな適応などできるはずはない。

失敗を恐れずにさまざまな異文化に接し、できる限り多くの文化的、社会的コンテキストのなかで自分のコミュニケーション行動を観察し、いろいろな角度から自分を見つめて、複眼的な自己認識を築く機会を求めていく態度こそが真のマルチ・カルチャー人間、そして豊かな人間関係への一歩なのである。

異文化適応についてさまざまな視点から述べてきた。「私は海外で生活する予定はない」とか、「外国人と接する機会は一生のうち数えるほどしかない」と言って異文化適応の話題を退ける前に、「日頃の日本人どうしのつきあいも異文化との接触という点から見てみるとどうだろう」という考えをもってもらいたい。

確かに日本という文化は欧米や多くのアジア諸国と比べると文化の均一性は高いかもしれない。しかし、差はそれほどなくても、人は顔がそれぞれ違うように、違った考え方、生き方をしている。日本人どうしの人間関係を考え、自分自身のコミュニケーションのパターンを観察、評価し、さらにさまざまな人と出会ったときのための行動のレパートリーを増やすためにも、人間関係を異文化適応という観点から見ることによって得られるものは多い。

あとがき

「マンションライフはシティ・コミュニケーションのファーストステップ」とか、「社内の人間関係は『飲みュニケーション』で円滑に」など、コミュニケーションということば、考え方がふざけた形で使われることがよくある。また、その一方では「熟年パワーのコミュニケーション」とか、「美しく生きるための女性コミュニケーション講座」など、コミュニケーションを真剣に考えようとする集まりも増えてきた。

最近、大学の授業以外の場でコミュニケーションについて話をする機会が多い。日本のアカデミックな場での市民権をようやく得ようとしているコミュニケーションにこれだけの関心が向けられることは、その分野でこれまでもっぱら研究、教育に携わってきた者にとっては歓迎すべきものである。講演を聞いてくださる方の多くが、親、子、夫、妻を相手とした家庭内の人間関係、上司、部下、同僚が相手である会社でのひとづきあい、また、最近ではセクハラ問題に敏感になってきた企業、大学などでの男女関係、などさまざまな場で、人間関係に何らかの問題、悩みを抱えていることが多いようだ。

相手の気持ちを「察し」ながら、「思いやりをもち」、適度に「甘えあって」生きていく、という元来の日本人どうしの人間関係のパターンが変わりつつある。価値観が多様化してきた（一説には価値観が崩壊したと言われる）日本社会では、個人主義（あるいは自分主義）が進み、できれば周囲の人間とのつきあいはあまりやりたくない、という人たちが増えてきているようだ。これらの日本人の社会行動の変化を批判し、経済や、政治、また国際情勢などにこれらの変化の原因を求めることは容易である。しかし、批判するだけでは、深刻化する学校での人間関係、離ればなれになりつつある家庭、表面的、仕事だけのつながりの会社での人間関係を豊かなものに変えることはできない。

どのような人間関係を求めているのか、自分が理想とする人間関係を築くためにはどんな能力が必要なのか、そしてゴールとして定めている理想像と、現状との間にはどれだけの距離があるのか、といったことを見定めることも人間のコミュニケーション能力の一部である。表面的なスキルにとどまらず、自分を人と比べてみる、過去の経験から学ぶ、将来の計画を立てるといった人間のシンボル活動のユニークさを今一度確認するところから人間関係の改善が始まる。

ヒトとして生まれてきた私たちが、人間として生きることを可能にしてくれるコミュニケーションのさまざまな側面をもう一度見つめてみたい。人との出会いは新しい自分との出会い。今日も、また新しい、そして素敵な自分を見つけられるかもしれない。

宮原　哲

著者略歴

宮原　哲（みやはら　あきら）

一九五五年福岡県生まれ。西南学院大学卒業。ペンシルベニア州立大学大学院スピーチコミュニケーション学科で一九八〇年にM. A.（修士号）、一九八三年Ph. D.（博士号）取得。一九八二年から一九八六年までペンシルベニア州立ウェストチェスター大学コミュニケーション学科アシスタントプロフェッサーを経て現在、西南学院大学教授。一九九六年フルブライト上級研究員（ハワイ大学）。

主な論文　“Japanese Communication Styles: The Collectivism–Individualism Paradigm” “Influence Strategies Employed by Supervisors in Japanese and American Organization”など。

著書　『入門コミュニケーション論』（松柏社）

共著　『異文化コミュニケーション・ハンドブック』（有斐閣）、Communication and Culture（Rodopi）

コミュニケーション最前線

二〇〇〇年一月二十日　初版発行
二〇〇二年三月一日　第二刷発行

著　者　宮原　哲
発行者　森　信久
発行所　株式会社　松柏社
〒一〇二-〇〇七二　東京都千代田区飯田橋一-六-一
電話〇三（三二三〇）四八一三（代表）
ファックス〇三（三二三〇）四八五七
e-mail: shohaku@ss.iij4u.or.jp

装丁者　武田三省（パラダイス・ガーデン）
カバーイラスト　安藤千種（パラダイス・ガーデン）
本文イラスト　野中　諭
組版　前田印刷／印刷・製本　平河工業社

ISBN4-88198-925-1
略号＝4025
定価はカバーに表示してあります。

入門コミュニケーション論

宮原 哲 著

A5判169頁

社会科学、語学の世界で注目を浴び始めたコミュニケーション論。しかし、察し、腹芸による以心伝心型のコミュニケーションに重心を置いてきた日本ではその研究分野の領域、あるいは研究方法もまだ確立してはいない。本書はアメリカで研究されてきたコミュニケーション論の基礎的概念を日本流にアレンジして紹介し、日本人同士、あるいは国際人として健全な人間関係を築くために必要なコミュニケーションコンピテンスの理解、習得の足掛かりを作る画期的な入門書。

グローバル・コミュニケーション

ハワード・H・フレデリック 著

川端末人＋武市英雄＋小林登志生 訳

A5判383頁

急速なコミュニケーション・メディアの発達と、それがもたらす膨大な情報の流通が、従来の「コミュニケーション論」「国際関係論」に大きな変更を迫りつつある。国境なきコミュニケーションが今日の国際社会において意味するところを、歴史や国際紛争、テクノロジー、世界言語などの観点から多角的に検証した、待望の入門書。

社会性とコミュニケーションを育てる自閉症療育

キャサリン・アン・クイル 編

安達潤＋内田彰夫＋笹野京子 ほか 訳

A5判470頁

自閉症の子どもは「コミュニケーション」と「社会的状況の理解」に問題があり、社会生活が難しくなっている。本書は彼らのこういった特徴に理論面と実践面から焦点を当てる。執筆陣にはAdrian Schuler, Temple Grandin, Charles Hart, Barry Prizant, Carol Gray, Linda Watsonなどを迎え、現在のアメリカの自閉症療育を眺めることができる。自閉症の子どもを持つ親や教師、セラピスト必読の書。

心配をなくす50の方法

エドワード・M・ハロウェル 著

峠 敏之 訳

四六判上製420頁

不安や心配の苦しみから逃れるために、無理して今までの自分を否定してしまう必要はない。著者は、自分の心配を自らコントロールする方法、アイデアを教示してくれる。

“ＹＥＳ”と“ＮＯ”とその続き

異文化作戦＜はじめの一歩＞

今井純子 著

A5判173頁

インターフェイスのコミュニケーションを成功させるための理論と、著者の実体験の両面からアプローチした画期的な実践論。ノンバーバルコミュニケーション、異文化コミュニケーション、社会言語学についての正しい知識と、それをどのように活用すべきか、適切なアドバイスを提示していて、単に海外留学希望者のみならず、外国人とのコミュニケーションの必要に迫られている全ての人、必携の書。

初めて学ぶ翻訳と通訳

言語コミュニケーション入門

北林利治＋杉山泰＋リチャード・ボナン＋西村友美 著

A5判270頁

異なる言語を話す人たちのコミュニケーションの橋渡しとなる翻訳と通訳の諸相を、実践と理論の両側面からバランスよく扱った格好の入門書。「日本語と英語の言語コミュニケーション」「翻訳」「通訳」の３部門から成り、豊富な具体例によって異文化コミュニケーションの本質を考えるきっかけを提供している。また、最後に翻訳と通訳の練習問題を付した。

コミュニケーションのための英語表現ガイド

中崎温子＋井上裕子 著

四六判313頁

一人の日本人女子大生を主人公に出発から帰国までをストーリー仕立てにした基礎編、海外滞在中に日本人によく向けられる質問とその回答を分野別にまとめた発展編からなる。基礎編は対話形式でサバイバルレベルの実践表現を特集し、重要構文の解説や関連表現・語彙も加えて幅広い場面に対応。発展編は、Ｑ＆Ａ形式で発信型の英語力養成に役立つ。アメリカ英語とオーストラリア英語の比較や関連情報・ワンポイントアドバイスの他にクイズもある。海外旅行・留学・ホームステイに役立つ副教本である。

性差別をしないための英語表現ハンドブック

ヴァル・デュモンド 著

稲積包昭＋野谷啓二 訳

日常使われている英語の中にみられる性差別現象を取り上げ、不必要な生の差別に起源をもつ様々な英語表現の不適切さをわかりやすく解説。今日の社会において心懸けておかねばならないノン・セクシスト英語の使用方法を具体的に示した。この分野における基本的かつ便利な参考書。日常、英語を使う方、必携の書。